판결과
정의

판결과 정의

김영란 지음

대법원의
논쟁으로
한국사회를
보다

창비

프롤로그
라이프 온 코트

1979년 9월 1일. 사법연수원에서 연수를 받기 시작했다. 당시 연수원은 덕수궁 건너편의 서소문 법원청사 내에 있었다. 60명씩 A, B 두 반이었고 나는 A반에 속했다. 두 반을 통틀어 여자연수생은 혼자였다. 두 달이 미처 지나지 않은 10월 26일, 잊지 못할 사건이 터졌다. 방송은 종일 장송곡이나 그에 가까운 음악을 틀었고, 광화문 일대에는 통곡하는 사람들이 넘쳐났다. 저녁 6시경 강의가 파하면 8시 통금에 걸리지 않기 위해 부랴부랴 집으로 돌아가야 했다. 실제로 무슨 일이 벌어지고 있는지 알 길은 없었다. 이듬해 광주민주화운동 때에도 상황은 달라지지 않았다. 호남 출신 연수생들조차도 광주에서 북한의 사주를 받은 세력이 폭동을 일으켰다고 하더라는 유언비어를 전해 들었을 뿐이라고 했다. 입수할 수 있었던 『뉴스위크』는 꺼멓게 지워져 있었으나 친구로부터 어렵게 구했다는 『뉴스위크』 원본을 받아보니 상황은 짐작한 대로 심각했다.

1980년 말, 4개월간 서울지방검찰청에서 검찰실무수습을 할 때 공안부의 부장검사가 공안부에 관하여 간단한 안내를 했던 기억이 난다. 김지하의 시 「오적」 운운하면서 시간이 나면 명동의 소극장 같은 데서 반국가적인 성향의 공연이 열리는지 보러 간다고 말하기도 했다. 길은 달라졌으나 공연계에서 활동하는 친구를 떠올렸던 탓일까 아직도 기억이 선명하다. 검사로 가서는 안 되겠다는 생각을 그때 굳힌 것 같다.

1981년 9월 1일. 서울민사지방법원의 판사로 부임했다. 결혼, 출산, 육아 등등 끊임없는 개인사와 함께 판사로서의 업무도 매너리즘 속에서 해치우는 날들이 흘러갔다. 1986년 5월에 부산지방법원으로 발령받아서 부산 최초의 여성 판사로 부임했다. 출생지가 부산이어서 지망도 받지 않고 부산으로 발령 냈다는 법원행정처장의 설명에 잠시 어리둥절하기도 했다. 아버지께 도시락을 배달해드리기 위해서 가던 건물이 법원 건물이 되어 있었고, 다니던 초등학교가 길 건너에 있었다. 변한 것은 나뿐이었다. 어릴 때 살던 장소와 그 시대로 갑자기 돌아가서 새로운 삶을 사는 형사를 그린 드라마 「라이프 온 마스」처럼 '라이프 온 부산'이 시작된 것이었다.

1987년 6월 29일. 노태우 전 대통령의 6·29선언을 지각 출근하는 택시에서 들었을 때는 머리를 커다란 망치로 한 대 맞은 것 같았다. 세상은 어찌되었든 변해가는데 나는 한 발도 떼지 못하고 현상에 갇혀 있는 느낌이었다. 그렇지만 충격이 가시고 나자 일상은 계속되었다. 1989년 폴란드, 헝가리, 동독, 체코슬로바키아, 루마니아 등 동유럽 사회주의 국가들이 잇달아 붕괴하고, 1991년 소련이 해체되는 등의 새로운 충격도 멍한 상태인 나를 다시 각성시키지 못했다.

이따금 수배나 감시에서 자유로워진 친구를 만날 때면 현실사회주의가 무너진 이후의 세계를 그의 머릿속에서 끝없이 세웠다 지웠다 하는 모습을 보았다. 마치 컴퓨터의 바탕화면 같기도 했다. 클릭하면 새로운 세계가 펼쳐지고, 클릭하면 또다른 세계가 펼쳐졌기 때문이다. 세상을 거시적으로 생각하는 사람들과 미시적으로 생각하는 사람들이 있는 것일까, 그렇다면 나는 미시적 사고만 하고 사는 사람이려니 하는 이분법적 생각을 해보기도 했다. 비전을 가지고 미래를 그려보는 것은 내게는 여전히 불가능했다.

1993년 3월 1일, 대법원 재판연구관으로 발령이 났다. 그때부터 5년간 대법원 재판연구관으로 근무하면서 받은 충격은 또다른 것이었다. 재판연구관이라는 자리가 대법관의 주문을 받아서 보고서를 쓰는 자리인지 재판연구관 개인의 사건 검토결과를 보고서로 작성하여 보고하는 자리인지 불확실하던 시기였다. 10년 이상 판사로 근무한 판사들을 데려다가 재판연구관을 시키는 이상, 재판연구관 개인의 개성이나 법률적 견해를 어느 정도 제시해야 하리라 생각했다. 일단 개인의 법률적 견해를 담아 보고서를 내면 주심 대법관이 부족한 부분이나 견해를 달리하는 부분의 추가보고를 요구하는 방식으로 보고가 이루어졌다.

그런데 보고서의 결론이 마음에 들지 않는다며 추가보고를 요구해오면 도저히 원래의 보고와 다른 의견으로는 보고서를 쓰지 못하겠다고 하는 연구관도 있었고, 그럴 때는 같은 연구조의 다른 연구관이 추가보고서를 쓰기도 했다. 대법관에 따라 당신이 선호하는 연구관을 개인적으로 불러서 다른 결론의 보고서를 요구하는 경우도 있었다. 그때는 원래의 연구관은 배제되어 다른 의견을 제시한 연구관의 보고서가 올라간 사실을 알지 못하거나 뒤늦게 알게 되는 경우도 생겼다. 대법원까지 오는 많은 사건이 견해가 엇갈리는 사건이기는 하지만 한 연구관이 양쪽의 견해를 뒷받침하는 논리를 다 개발한다거나, 한 연구관이 도저히 쓸 수 없다는 반대 견해가 다른 연구관에 의해서 만들어지는 광경은 대법원 판례에 따라 재판하는 사실심 ●에서는 좀처럼 보기 힘든 것이었다. 유난히 반대쪽 견해를 대법관의 지시에 따라 잘 만들어내는 연구관도 있었고, 자신의 견해가 대법관에 의해 채택되지 않은 점을 유독 납득

● 1심과 2심은 사실관계를 확정하고 그에 따른 법률판단을 하며, 대법원은 원칙적으로 법률문제만 판단하므로 1심과 2심을 사실심, 대법원을 법률심이라 한다.

하지 못하는 연구관도 있었다. 같은 연구조 내에서 악마의 대변인 devil's advocate의 역할을 자처하며 반대의 논리를 제시해주는 연구관도 있었다.

법적 판단은 과학적 사고와 달라서 대법관의 추가보고 지시에 따라 정반대의 논리를 전개하는 보고서가 얼마든지 만들어지기도 한다는 것은 충격이었다. 10년의 판사생활 동안 '사건에는 정답이 있고 판결은 선택이 아니다'라고 생각해왔는데 대법원에 와보니 판결은 선택이 되기도 했다. 너무 늦은 깨달음이었는지는 몰라도 그 충격과 그에 따른 두려움은 더 컸던 것 같다. 그로부터 10여 년 후 대법관으로 재직할 동안에도 그 두려움은 줄어들지 않았다.

그렇다면 판사들은 어떤 기준으로 선택을 하는가. 판사들의 선택은 시대적 현실과 분리된 상태에서 해야 하는 것인가. 순수한 법리만으로 선택하는 것이 가능한가. 2013년부터 로스쿨에서 대법원 판결들을 읽어보는 강의를 하면서 주로 전원합의체 판결을 대상으로 '대법관들이 자신에게 허용된 자유를 어떻게 사용하는가'를 분석해보았다. 그리고 그 결과 내려진 판결들이 가리키는 방향은 무엇인지 살펴보았다.

이 책은 그 로스쿨 강의에서 다룬 판결들에 관한 두 번째 책이다. 첫 번째 책은 주로 나 자신이 직접 관여했던 판결을 다루었으므로 그 판결 하나하나의 개별적 분석에 치중했지만, 이 책에서 다룬 판결들은 대부분 내가 대법관을 퇴임한 이후에 선고된 전원합의체 판결이어서 조금 더 포괄적으로, 그리고 그동안 미루어왔던 거시적 사고의 틀 속에서 묶어보려고 노력했다. 그러나 역시 거시적 사고의 틀에는 익숙하지 못한 자신을 발견하게 되기는 했다. 그래서 사용한 방법이 마치 테트리스 게임을 하듯 대법원 판결들이 위치한 자리를 찾아서 밀어넣는 것이었다. 물론 그중에는 딱 들어맞는 조각도, 들어맞지 않는 조각도 있을 것 같다. 전체적인 그림이 어떻게 그려질 것인지에 대해서는 여전히 감이 잡히지 않는다고 고백할 수밖에 없다.

1~3장은 가부장적 사유를 포함한 다양한 조직체 내부에서 작동하는 계층적 사유가 어디서 유래했는지, 그 문제점은 무엇인지, 판사들은 계층적 사유에서 얼마나 자유로운지 등을 다루었으며, 4장과 5장은 신자유주의와 세계화의 흐름 속에서 판사들은 어떤 선택을 하고 있는지를, 6~9장은 정치와 판사들 간의 문제를 원론적으로 다루려고 했다. 심층적인 분석까지는 다다르지 못했고 문제제기적 분석에만 머무르고 있는 책을 낸다는 사실이 두렵기도 하지만 로스쿨 강의를 하면서 든 생각들을 정리한다는 생각으로 써보았다.

마지막으로 창비의 황혜숙, 윤동희, 이하늘 님의 도움에 깊은 감사를 드린다. 허술하고 마음만 앞선 글들을 내놓기가 부끄러워 몇번을 망설였는데도 구체적인 조언과 멋진 편집으로 이나마 모습을 갖춘 책으로 나오게 해주셨다. 다음 책을 낼 수 있게 된다면 좀더 사회를 거시적으로 바라보거나 좀더 향취가 있거나 하는 책이 되면 좋겠다는 불가능한 희망을 가져본다.

2019년 9월

김영란

차례

01
가부장제 변화의 현재
가족 내 위계의
새로운 기준

가부장제는 어느 시기 어느 지역에 국한된 일이 아니고, 인류 발전단계의 한 형태였던 농경사회 이후 세계 곳곳에서 찾아볼 수 있는 현상이다. 헨리 섬너 메인Henry J. Sumner Maine은 『고대법』*Ancient Law*에서 가부장제란 '가장이 가족성원에 대하여 강력한 권한을 가지고 가족을 지배·통솔하는 가족형태'라고 정의하면서, 고대 로마의 가부장제가 가장 강대한 가부장권을 바탕으로 하고 있었다고 말한다. "아버지가 그 자녀에 대하여 생살여탈권을 가지고 있었을 뿐만 아니라 무제한적 처벌권한도 가지고 있었다. 아버지는 자녀들의 인격적인 지위를 자의적으로 변경할 수 있었다." "딸을 출가시키거나 아들이나 딸 어느 쪽의 자녀들이라 하더라도 이혼시킬 수 있으며, 다른 가家에 입양시킬 수도 있었고, 심지어 그들을 팔 수도 있었다."[1]

대가족 중심의 농경사회 단계를 넘어서 황제를 중심으로 국가가 운영되는 제정시대로 오면 가장의 권력은 점차 제한을 받는다. 예를 들어 가내의 제재에 관한 무제한의 권리는 축소되어서 가내의 범행도 민사법무관civil magistrate이 알아야 하는 사건에 속하게 되었고, 혼인을 허가하는 특권은 조건부로 거절할 수 있는 권한으로 축소되었으며, 자녀에 대한 처분자유권은 사실상 폐지되었다. "입양도 유스티니아누스 대제 시대에 개정된 체계에서는 과거의 중요성을 모두 상실하여, 더이상 자녀의 동의 없이 양부모에게로 입양시킬 수 없었다."[2] 한편 혼인으로 가장은 부인의 인격 및 재산에 대한 여러 권리를 얻을 수 있었다. 자녀에 대한 가장의 권리는 비록 축소·폐지되어갔음에도 여전히 남아 있었고, 이와 더불어 부인에 대한 권리도 누린 것이다. 가장이 부인에 대한 권리를 얻게 될 때 특기할 점은 그가 남편으로서가 아닌 아버지로서의 신분을 얻는다는 것이다. 이는 달리 말하면 부인이 가장의 딸과 같은 지위에 있다는 것으로서, 그와 같은 방법으로 가장은 부인을 합법적인 '가부장의 통제' 아래 두게 되었다.

그렇다면 왜 농경사회에서는 가부장제가 널리 자리 잡았던 것일까. 그것은 효율성이라는 가치 때문이었다. 야생에서 먹을거리를 구했던 수렵·채집인의 가치관과는 달리 농경사회에서는 길들인

자연에서 여러 자원을 획득해야 했기 때문에 엄중한 계층화를 통해 정도껏 평화가 유지되는 환경이 무엇보다 중요했고, 이에 따라 평화를 가져오는 위계에 가치를 두게 되었다. 이언 모리스Ian Morris에 의하면 농경사회를 넓게 관통하는 도덕가치의 핵심은 "계급화는 좋은 것"이라는 이념이었다.[3] 한정된 자원을 놓고 경쟁하는 세상에서 가장 효율적이고, 그래서 가장 '좋은 것'이라는 계급화에 대한 이런 이념은 바로 그 이유로 농경사회를 거쳐 산업사회를 지나면서도 수천년에 걸쳐 지속되었다. 그와 함께 가부장적 가치도 바로 그 효율적이라는 이유로 수천년간 지속되었다.[4]

가장 강고한 위계질서

농경사회를 거쳐 산업사회로 오면서, 특히 20세기로 들어서면서 인류는 제도적인 차원에서 양성평등의 문제를 해결하기 위해 꾸준히 노력해왔다. 그러나 가부장 질서의 문제는 단순히 하나의 생물학적 성이 다른 생물학적 성을 억압하는 것이라는 관점으로 접근하여 해결할 수 있는 것이 아니다. 인류 역사의 흐름 속에 자리한 위계질서라는 프리즘을 통해서 보면 가부장제 또한 위계질서가 구현된 여러 모습 중 하나일 뿐이다. 전쟁포로 혹은 당시 서구문명의 기준에서 보자면 '문명화'가 늦은 아프리카 등지에서 잡아온 사람들을 위계질서의 가장 아래쪽에 두어 강제로 노동을 시키고 재산으로 교환하던 것과 여자를 교환가치를 지니는 소유물로 삼는 것은 다르지 않는다는 말이다. 결국 사람들을 계층으로 나누어서 권한의 정도를 다르게 부여하고 평등의 정도를 달리하는 위계질서의 모습을 가부장제도 똑같이 보여주고 있다. 더구나 가부장제는 그 중에서도 가장 뿌리 깊고 지속적으로 고착된 위계질서이기도 하다. 가부장 질서를 일반적인 계층화의 문제로 보지 않고 남녀 사이의 계층화 문제로만 치환해서 생각하여, 양성평등을 실현하면 가부장제 문제를 해소할 수 있다고 여기는 것은 근본적인 문제 해결에 접근하는 길을 막아버리는 일이다. 가부장 질서를 논하면서 한 사회의 위계질서 형성이라는 틀을 함께 논하지 않는다면 가부장제의 본질을 제대로 보지 못한 것이다.

위계질서는 이원론에 그 토대를 두고 있다. 서로 대립하는 두 가지 요소에 토대를 두고 분류하는 것이다. "합리적/불합리적, 능동적/수동적, 사고/감정, 이성/감성, 문명/자연, 힘/섬세함, 객관적/주관적, 추상적/구체적, 원리·원칙에 의하여 규율화됨/개별화·개인화됨이라는 이원론이다."[5] "불합리는 이성의 결여이고, 수동성은 행동성(능동성)의 결여를 의미한다. 사고는 감정보다 중요하고, 이성은 감정보다 우수한 것이다."[6] 어떤 것을 '결여한 것' '덜 중요한 것' '열등한 것'으로 여긴다는 측면에서 보면 이러한 이원론은 계층화 질서를 반영하고 있다는 것을 알 수 있다. 법은 원칙적으로 기존 질서를 지키기 위해 존재한다. 그러므로 이원론에 토대를 둔 계층화를 긍정하는 한 법질서도 이원론에 의한 계층화 질서를 지키려는 이념과 같이 갈 수밖에 없다.[7]

이러한 이원론을 통한 계층화가 법 체계에 반영될 때 어떤 일이 발생하게 되는가? 마사 누스바움Martha C. Nussbaum은 낙인을 찍는 등 수치심을 주는 처벌을 형벌체계에 도입할 수 있는지를 논하면서, 수치심이라는 감정이 문제인 것은 '사회 구성원을 서열화'하기 때문이라고 지적한다. "일반적으로 사람들은 자신이 지닌 부족함에 대한 두려움 때문에 집단을 형성하며, 보다 힘이 약한 일부 집단과 비교하면서 자신들을 '정상인'으로 정의한다."[8] "수치심은 정상에서 벗어난 정체성을 지니고 있다고 여겨지는 사람 또는 이런 사람들로 이루어진 집단에 초점을 맞춘다. 이들을 대상화함으로써 지배적인 집단은 자신들을 정의하고, 보호하는 것이다." " '정상인'들에게 자신이 지닌 나약함을 떠올리게 할 수 있는 사람은 누구나 이른바 희생양이 될 수 있고, 공동체에서 배척당할 수 있는 것이다."[9] 누스바움은 이런 관점에서 "수치심 처벌이 진보적인 개혁 효과를 보기보다는 사회적 동질성과 통제를 높이는 수단으로 기능하게 될 것"[10]이라고 결론을 내린다. 그리고 수치심을 주는 처벌을 내리는 것은 바로 이러한 점에서 자유주의 사회의 핵심 가치를 위협하게 된다고 한다.[11]

계층화는 누스바움이 말한 낙인찍기와 다르지 않다. '배척당해야 할 사람' '비정상인'이라는 낙인은 정도의 차이만 있을 뿐 언제나 이원론의 아래쪽에 배치된 모든 대상이 봉착하게 되는 동일한 문제이기 때문이다. 이처럼 이원론적 사고와 계층적 질서의 긍정은 결국 자신과 다른 집단을 구별해내고 집단 간 서열을 조장하는 쪽으로 작동하게 된다. 그리고 법의 본성은 기존 질서를 지켜나가려는 데 있으므로 계층화된 사회질서 또한 지켜나가려 할 것이다.

이러한 관점에서 볼 때 남녀 사이의 계층화도 다르지 않다. 성적性的으로 구축되어 있다는 점이 특수할 뿐이다. 성적으로 구축된 이원론은 남성적인 것과 여성적인 것을 상하관계로 배열한다. "남성적이라고 생각되는 요소는 바람직하고 우수한 것으로 인식되는 데 반하여, 그 상대적인 요소는 열등하고, 좋지 않은 요소로서 부정적으로 여겨지는 것이다."[12] "남자들은 이 이원론 구조의 일방, 즉 '합리적, 능동적, 사고, 이성, 문명, 힘, 객관적, 추상적, 원리·원칙화된' 쪽에 자신들을 동일화하여왔다. 그리고 그들은 다른 한쪽, 즉 '불합리한, 수동적, 감정, 감성, 자연, 섬세함, 주관적, 구체적, 개별화, 개인화' 쪽을 여성들에게 투영하여왔다."[13]

프랜시스 올슨Frances Olsen에 의하면 가족이라는 영역에서는 시장에서 찬양되는 개인주의와 달리 "가족들끼리의 애정과 나눔과 상호배려와 애호"[14]라는 일종의 애타주의가 지배한다. 그리고 가족 내 구성원에 대해 무엇이 최선인가를 정하는 것이 가장家長이기 때문에, 가족이 계층적 상하구조를 가지는 것은 당연시되었다. 자유로운 시장이라는 생각에는 개인주의가, 그에 따른 시장거래에서는 형식적 평등이 깊게 관련되어 있으나, 가족이라는 사상에서는 애타주의와 상하관계가 확실하게 연결되어 있다.[15] 개인주의는 국가가 시장에 개입해서는 안 된다는 생각을 정당화한 것과 동시에, 가족의 영역에서 국가는 가족 간의 배려와 애호의 상호관계에 개입해서는 안 된다는 생각으로 전환되어 적용되었다. 가령 사회에 만연하던 아내에 대한 남편의 폭력에 대해 국가가 제도적으로 개입하려고 해도, 그 개입이 많은 사람의 눈에는 국가가 가족문제에 간섭하는 것으로 비추어졌다.[16] 가정 내에서의 가부장 질서가 오랫동안 정면으로 문제시되지 못했던 이유가 여기에 있다. 마찬가지 이유로 '가족적'인 분위기와 질서를 내세우는 많은 집단들에서도 드러나지 않는 다양한 모습의 폭력이 여전히 문제시되지 않고 남아 있다. 농경사회 이후로 폭력에 대한 가치관이 변화하고 있고 가부장 질서도 약화되고 있으나 '가족적'인 질서는 가장 느린 속도로 변하여온 탓이다.

조금씩 변화하는 판결의 방향

가족 내 가부장 질서는 남편과 아내, 부모와 자녀, 아들과 딸 등 여러 관계에 따라 조금씩 다르게 작동한다. 제사를 주재하는 자로 딸과 아내보다 아들과 손자를 우선시한 대법원 판결[17]은 가정 내의 위계질서에서 어머니보다 아들을 우위에 두었다. 이 판결에서 다수의견은 제사를 모시는 사람으로 딸이나 처보다 아들이나 손자의 지위를 우선시하는 것이 사회통념이라고 판단함으로써 남자와 여자 사이의 위계에 대한 전통적인 사고를 공고하게 했다.

> 망인의 공동상속인들 사이에 협의가 이루어지지 않는 경우에는 적서嫡庶를 불문하고 장남 내지 장손자가, 공동상속인들 중 아들이 없는 경우에는 장녀가 제사주재자가 된다고 보는 것이 다른 상속인을 제사주재자로 하는 것보다는 사회통념상 상대적으로 정당성이 있고, 예측가능성도 어느 정도 확보된다고 볼 수 있어 가장 조리에 부합한다.

이는 여성을 종중원으로 인정한 판결이나 호주제가 위헌이라고 한 헌법재판소의 결정에 대비해 보기만 해도 명백히 남성을 여성에 우선시한 판결임을 알 수 있다. 하지만 이 판결이 사회통념을 근거로 판결했다는 점에 주목할 필요가 있다. 사회통념을 근거로 판결할 수 있다는 것은 사회통념의 변화와 더불어 사법적 판단 역시 변화할 것을 기대할 수 있음을 의미하기 때문이다.

실제로 가족 내 가부장 질서에 대해 조금씩 전향적 판결이 나오고 있다. 호주제가 2005년 헌법재판소의 헌법불합치 결정과 민법

©이선민

여성은 그동안 제사에서 철저하게 도구의 영역에 놓였을 뿐, 주재자로 자리하지는 못했다. 불과 십수년 전까지만 해도 제사상 앞에서의 이러한 구도는 나라가 보장하는 '합법적인 차별'이었으며, 지금도 이러한 차별은 곳곳에서 답습되고 있다. 이선민 「여자의 집 II, 이순자의 집#1-제사풍경」, 2004

개정으로 사라지고, 여성을 종중의 구성원으로 인정하기 시작함으로써 부계혈족과 모계혈족을 차등하지 않은 판결[18]이 선고되기도 했다. 부부 사이에도 강간죄가 적용될 수 있다는 판결도 사회통념의 변화가 법정을 변화시킨 대표적인 사례가 될 수 있다. 가정에서의 성폭력에 대한 인식의 변화가 혼인관계가 실질적으로 유지되고 있는 경우에도 강간죄가 성립할 수 있다는 판결을 이끌어내었기 때문이다. 반대의견을 낸 2명의 대법관을 제외한 11명의 대법관이 찬성한 이 판결 다수의견의 요지는 다음과 같다.[19]

부부 사이에 민법상의 동거의무가 인정된다고 하더라도 거기에 폭행, 협박에 의하여 강요된 성관계를 감내할 의무가 내포되어 있다고 할 수 없다. 혼인이 개인의 성적 자기결정권에 대한 포기를 의미한다고 할 수 없고, 성적으로 억압된 삶을 인내하는 과정일 수도 없기 때문이다. (…) 형법 제297조가 정한 강간죄의 객체인 '부녀'에는 법률상 처妻가 포함되고, 혼인관계가 파탄된 경우뿐만 아니라 혼인관계가 실질적으로 유지되고 있는 경우에도 남편이 반항을 불가능하게 하거나 현저히 곤란하게 할 정도의 폭행이나 협박을 가하여 아내를 간음한 경우에는 강간죄가 성립한다고 보아야 한다.

새로운 기준으로 나아가다

가부장 질서에 따른 가족 내 위계에 대해 새로운 기준을 제시한 판결 가운데 또다른 중요한 사례도 있다.[20] 공동으로 친권을 가진 미성년 자녀의 부모 중 한쪽이 자녀를 일방적으로 데리고 다른 곳으로 이주해버린 경우에 미성년자 약취 *죄가 성립하는지가 문제된 사건이다.

피고인은 베트남 국적의 여성으로 2006년 2월 16일 한국인 남성과 혼인하고 같은 해 4월 30일 한국으로 와 아들을 출산했다. 당시 남편은 직장에 다녔고 피고인이 가사를 전담했기 때문에 아들에 대한 현실적인 보호·양육을 주로 피고인이 맡아왔다. 피고인은 아들이 13개월 정도 된 어느 날 친구에게 놀러 갔다가 늦어져 버스를 놓치는 바람에 다음 날 귀가했다. 화가 난 남편은 집을 나가라고 했고, 피고인은 자존심이 상한 데다 국내에는 마땅히 찾아갈 곳이 없어 아들을 데리고 친정인 베트남으로 떠났다. 이 과정에서 아들을 데리고 가기 위한 어떤 폭행, 협박이나 실력행사는 없었다. 피고인은 아들의 양육비를 벌기 위하여 아들을 베트남 친정에 맡겨둔

• 폭행, 협박 또는 불법적인 사실상의 힘을 수단으로 사용하여 피해자를 그 의사에 반하여 자유로운 생활관계 또는 보호관계로부터 이탈시켜 자기 또는 제3자의 사실상 지배하에 옮기는 행위를 말한다.

채 다시 한국에 입국했고, 그사이 피고인의 부모 등이 아들을 베트남에서 계속 보호·양육해왔다. 그후 피고인을 아들의 친권자 및 양육자로 정하여 이혼하기로 합의가 이루어졌다. 피고인은 그때까지 아들을 돌려주는 대가로 금전 등을 부당하게 요구하거나 이를 협의이혼의 조건으로 내세운 적이 없었고, 협의이혼 후 아들의 양육비도 피고인이 부담하기로 했다.

이런 사실관계에서 1심과 2심은 어머니인 피고인의 행위는 아버지의 보호·양육권을 침해한 것이라고 볼 수는 있으나 아들 본인의 이익을 침해한 것이라고 볼 수는 없어 미성년자에 대한 약취에 해당하지 않는다는 이유로 무죄를 선고했다. 대법원의 다수의견도 1, 2심과 결론을 같이 했다.

미성년의 자녀를 부모가 함께 동거하면서 보호·양육하여오던 중 부모의 일방이 상대방 부모나 그 자녀에게 어떠한 폭행, 협박이나 불법적인 사실상의 힘을 행사함이 없이 그 자녀를 데리고 종전의 거소를 벗어나 다른 곳으로 옮겨 자녀에 대한 보호·양육을 계속하였다면, 그 행위가 보호·양육권의 남용에 해당한다는 등 특별한 사정이 없는 한 설령 이에 관하여 법원의 결정이나 상대방 부모의 동의를 얻지 아니하였다고 하더라도 그러한 행위에 대하여 곧바로 형법상 미성년자에 대한 약취죄의 성립을 인정할 수는 없다.

다수의견은 또, 육아를 직접 담당하는 어머니의 양육권이 생활비를 마련하는 아버지의 양육권보다 우선시되는 것은 아니라고도 했고, '어머니는 아들을 직접 양육해야 하고, 양육비를 벌기 위하여 아들의 양육을 다른 사람에게 맡기는 것은 안 된다'는 생각이 일반화할 만한 기준이 될 수 없다고도 했다. 그동안 양육권은 그 우선권이 아버지에게서 어머니에게로 이전해온 경향이 있었다. 그런데 다수의견은 이제는 남녀를 동등하게 보아야 한다는 입장을 보여주고 있어서 자녀 양육에 대한 생각이 변화하고 있음을 알 수 있다.

피고인이 아들을 데리고 베트남으로 떠난 지 얼마 되지 않아 아들을 친정에 맡기고 혼자서 우리나라에 재입국하였다는 사정이 이 사건 결론에 큰 영향을 미칠 것은 아니라고 본다. 피고인이 우리나라에 재입국한 이유는 아들의 양육비를 벌고자 하였기 때문인데, 그동안 아들을 가장 믿을 수 있는 친정에 맡김으로써 피고인 나름대로 최선의 대리 양육자를 정한 것이라고 볼 수 있다. 양성평등의 원칙과 관련하여 다수의견의 취지가 육아를 직접 담당한 모母의 보호·양육권이 직업 활동을 통하여 생활비를 마련하는 부父의 보호·양육권보다 우월하다는 것은 결코 아니다. 가족마다 생활 형태와 육아의 방식이 다양한데 이를 일률적으로 말할 수는 없다.

이에 대해 대법관 5명의 반대의견이 있다. 반대의견도 남녀를 불문하고 어느 한쪽이 다른 쪽의 양육권을 침해할 수 없다고 본 것이니 부모 사이의 평등한 위계를 지향한 것으로 볼 수 있다. 다만 한쪽 부모의 양육권 침해가 미성년자에 대한 약취죄가 되는지를 판단하는 지점에서 다수의견과 견해가 달라진 것으로 보인다.

공동친권자인 부모의 일방이 상대방의 동의나 가정법원의 결정이 없는 상태에서 유아를 데리고 공동양육의 장소를 이탈함으로써 상대방의 친권행사가 미칠 수 없도록 하였다면, 이는 특별한 사정이 없는 한 다른 공동친권자의 유아에 대한 보호·양육권을 침해한 것으로서 민법을 위반한 행위라고 할 것이다. 그뿐 아니라 유아로서도 다른 공동친권자로부터 보호·양육을 받거나 받을 수 있는 상태에서 배제되는 결과를 강요당하게 되어 유아의 이익을 현저히 해치게 될 것이므로 그 점에서도 위법성을 면할 수 없다.

효율성과 편향된 이원론을 넘어

이언 모리스에 의하면 농경사회를 지배하던 가부장 질서는 산업사회로 오면서 변화를 겪었다. 한쪽의 성에 다른 성이 예속된다는 개념은 급진적으로 붕괴되어 남녀의 차별적 구분을 정당하게 보는

분야가 급격하게 줄어들었다. 그중 하나가 폭력에 대한 남녀의 태도이다. 폭력 사용 성향도 생존과 번식 가능성을 높이기 위한 일종의 적응이었는데 남자에게는 강하게, 여자에게는 상대적으로 약하게 나타났다. 그러나 남성 본위의 농경사회 가치관이 붕괴하면서 폭력을 허용하는 가치관도 함께 무너졌다. 폭력이 가져다주는 효율이 더이상 높게 평가되지 않게 되고 성별 불평등이 급격하게 완화되면서 합법적 폭력 사용의 범위도 줄어들 수밖에 없었다.[21]

폭력에 대한 가치관이 변화한 것처럼 농경사회에서 필요에 의하여 강조된 위계질서는 산업사회로 오면서 현저하게 약화되었다. 강한 힘을 배경으로 한 가부장적 위계질서도 빠른 속도로 무너졌다. 이언 모리스는 다음과 같이 말한다. 인류는 강고한 계층화 질서를 인정하던 사회에서 "'낮지만 아주 낮지는 않은' 부의 계층화를 인정하는 쪽으로 진화했다". 다만 "경제성장 속도가 빠른 개발도상국 사람들이 경제성장 속도가 느린 선진국 사람들보다 부의 수직적 계층화에 관대한 편이다".[22] 경제성장 속도가 빠른 개발도상국에는 여전히 수직적 계층화가 강고하게 남아 있고, 그에 비례하여 불평등 또한 크게 변하지 않았다. 이처럼 수렵채집사회가 농경사회로, 농경사회가 산업사회로 변해감에 따라 사회질서도 재편성되어가지만, 발전 속도에 따라 재편성 속도도 다를 것이므로 각 사회는 그 속도에 따라 다양한 모습을 가지게 되었다. 이언 모리스의 지적처럼 "천 가지 가치관이 만발하고 가치관 사이에 이종교배가

활발히 일어날 수 있다".[23]

부富의 수직적 계층화는 계약자유의 원칙과 상충하지 않으며, 경제성장 속도가 빠른 나라일수록 부의 수직적 계층화에 관대하다는 이언 모리스의 관점에 동의한다 하더라도, 역사적으로 인종·신분·종교 등 거대 범주에서의 계층화는 대부분 (현실에서는 차이가 있을지라도) 이론적으로는 타당하지 않은 것으로 귀결되어가고 있다. 이는 효율성이라는 견고한 가치에 대해서 끊임없이 의심하고 저항하면서, 또는 이원론이라는 손쉬운 분류법에 대항하면서 인류가 얻어낸 것이다. 법 또한 이런 흐름을 반영하여 변화해왔다. 가부장 질서를 토대로 하는 성별에 따른 차별 문제도 여전히 논쟁적이기는 하지만 수직적 계층화가 약화되어감에 따라 변화하고 있다. '특정 사회에 지배적인 규범들이 무엇이냐'가 판결에 영향을 미칠 수밖에 없다.[24] 우리 대법원의 판결들이 가부장 질서 내에 안주하고 있는 편이라 해도 변화의 움직임 또한 감지되고 있다고 인색하게나마 긍정해보고 싶다.

02
성인지 감수성,
단지 피해자의 감성인가
성희롱 교수의
해임결정취소 소송

출판사의 부탁으로 페미니스트 관련 책에 추천사를 써준 적이 있다. 작가가 가정과 사회에서 겪은 일들을 페미니스트적 시각에서 풀어 쓰면서 페미니스트란 말이 새롭게 인식되기를 목표로 하는 책이었다. 책의 취지에 맞는 추천사를 쓰기 위해서 나의 경험을 떠올려보았다. 옛 어른들이 "내 인생을 다 말하려면 책 한 권으로는 부족하다"라고 늘상 말씀해오셨던 것처럼 나의 경험담도 책 한 권으로는 부족하다는 생각이 들었다. 그래도 그중에서 나 자신조차 '찌질'해지는 경험보다는 웃음 짓게 만드는 경험을 골라내서 추천사를 써보았다. 이런 것이었다.

판사 시절, 어떤 남성이 내게 "마거릿 대처 수상은 한 나라의 수상인데도 매일 남편의 아침 식사를 차려준다고 합니다. 얼마나 훌륭합니까"라고 말했었다. 대처 수상이 실제로 매일 아침 식사를 차리는지 그렇지 않은지 알지도 못하거니와, 대처 수상이 훌륭한지 아닌지를 그런 기준으로 따질 수 있다는 것이 놀라웠다. 사실 그 말은 우리나라 대부분의 맞벌이 여성들이 대처 수상만큼 훌륭한 사람이라고 칭찬하는 말이었을까?

그들은 소녀로 살아본 적이 없다

2008년 미국의 연방대법원에서는 사바나 레딩Savana Redding이라는 학생이 새포드 교육구Safford Unified School District를 상대로 제기한 소송이 진행되고 있었다. 6년 전, 애리조나주 새포드의 한 중학교 8학년에 재학 중이던 그녀는 수업 중에 불려나가서 두 명의 학교 여직원에 의해 몸수색을 받아야 했다. 해열·진통제의 일종인 이부프로펜과 나프록센을 학교에 몰래 갖고 와서 다른 친구들에게 건네주었다는 의심을 받은 탓이었다. 처음에는 레딩의 소지품을 검사했고, 나중에는 그녀의 옷을 모두 벗기고 바지와 속옷 등을 검사했다. 그러나 학교 측은 아무것도 발견하지 못했다. 이 사건으로 정신적인 충격을 받은 레딩은 결국 학교를 옮기게 되었다. 이후 레딩

©gettyimage

©Simmie Knox

'사바나 레딩 vs. 새포드 교육구 사건' 판결 당시 브라이어 대법관의 발언은 성인지 감수성이 지위 고하와 상관없이 배우고 훈련해야만 발휘할 수 있는 것임을 보여준다. 사건 당시 피해자인 사바나 레딩(위)과 미국 연방대법관 루스 베이더 긴즈버그(아래).

은 학교 측이 정당한 의심을 가질 사유가 부족한데도 권한을 남용했다며 소송을 제기했다. 당시 레딩이 다니던 학교의 교감이었던 켈리 윌슨은 법정에서 레딩이 평소 품행이 좋지 않았고 레딩을 의심할 만한 이유들이 충분히 있었다고 주장했고, 레딩의 어머니는 딸이 평소에 우등생이었으며 과체중이어서 신체에 대해 민감했다고 주장했다. 미 제9연방항소법원은 교직원들이 수정헌법 제4조를 위반했다고 판결했다. 그러나 "교직원들이 학생의 건강과 안전에 대한 위협을 미연에 방지하기 위해 선의에서 한 행동으로서 불합리하다고 생각되지 않는다"라는 내용의 소수의견이 붙어 있기도 했다. 여기서 미국 수정헌법 제4조란 부당한 수색 및 압수로부터 신체, 집, 서류 및 재산의 안전을 보장받을 수 있는 권리를 규정하고 있는 조항이다. 미국의 법원은 이 조항을 통해 국가가 국민의 사생활을 침해하는 행위를 엄격하게 제한해왔다.

연방대법원에서도 교직원들이 알몸 수색을 한 행위가 헌법에 합치하는지 여부를 판단해야 했다. 법정에서 남성 대법관들은 이 사건에서 무엇이 잘못인지를 이해할 수 없다는 식의 질문을 쏟아냈다. 진보 성향의 대법관으로 분류되는 스티븐 브라이어Stephen G. Breyer 대법관조차도 "속옷을 벗는 것이 어째서 이토록 중요한 문제인지 이해하려고 노력하는 중입니다. 아이들은 체육시간마다 옷을 갈아입지 않던가요? 제가 여덟 살, 열 살, 아니 열두 살 때였는지는 몰라도, 하루에 한 번 옷을 갈아입던 기억이 납니다. 체육시간에 나가서 뛰어놀려고 말입니다. 아닌가요? 저 역시 그렇게 옷을 갈아입었고 친구들이 제 속옷에 뭔가를 집어넣는 장난을 치기도 했습니다."라고 말해서 법정 여기저기서 웃음이 터지기도 했다. 당시 유일한 여성 대법관이던 루스 베이더 긴즈버그Ruth Bader Ginsburg가 듣다 못해 받아쳤다고 한다. "그 속옷을 남이 벗겼다면 전혀 다른 이야기가 됩니다. 브래지어까지 벗어서 흔들어보라는 요구도 받았다고 하지 않습니까." 그후 긴즈버그는 언론 인터뷰에서 "그들은 열세 살 소녀로 살아본 적이 없습니다. 그 또래 여자아이들이 얼마나 민감한지 전혀 모른다는 거죠"라는 말을 하기도 했다. 대법원은 소수의견 없이 학교가 레딩을 알몸 수색한 것은 헌법에 위반되는 행위라는 판결을 내렸다.[1]

미국 연방대법원에서 샌드라 데이 오코너Sandra Day O'Connor 대법관이 떠나고 긴즈버그 대법관이 유일한 여성 대법관으로 있으면서 고군분투했던 사례 중에 유명한 다른 사건으로는 곤잘레스 대 카하트 사건이 있다. 임신 중기 또는 후기에 유도분만을 거쳐서 태아를 유산시키는 행위인 부분분만낙태를 금지시킨 법률이 합헌인지가 문제된 사건이었다. 다수의견은 합헌이라고 판단했는데 그 논리가 묘했다. "상당수 여성이 스스로 창조하고 유지해온 어린 생명을 소멸시키겠다는 자신의 선택에 대해 후회하리라는 결론에 있어서는 이론의 여지가 없어 보인다. 심각한 우울증과 자존감 상실이 뒤따를 수도 있다"[2]라고 해서 마치 이 법률이 여성을 그들 자신(의 잘못된 판단)으로부터 보호하기 위한 법인 것처럼 쓰고 있었다. 긴 즈버그 대법관은 소수의견에서 "여성이 삶의 과정을 스스로 결정하고 평등한 시민의 지위를 누리는 자주성에 초점을 맞추"어야 하는데 대법원이 전근대적인 인식을 반영하여 여성에게서 자주권을 박탈했다고 했다.[3]

'평균적'인 성적 굴욕감

최근 대법원 판결에서 '성인지 감수성'이라는 용어가 등장하여 찬반논의가 인터넷을 달구는 일이 있었다. 2018년 4월 12일에 선고된 2017두74702 교원소청심사위원회결정취소 사건이었다. 어느 대학교의 컴퓨터 계열 전공 교수가 자신의 강의를 듣는 학생들에게 지나친 신체 접촉을 하고 데이트를 요구하는 등의 행위를 했고, 이런 행위들이 성희롱에 해당한다는 이유로 해임되었다. 그는 소청심사위원회에 해임을 취소해달라고 신청했지만 기각 결정이 내려졌고, 그러자 다시 그 결정을 취소해달라는 소를 제기했다. 1심에서는 해임 처분이 적법하다고 판단했으나 고등법원에서는 성희롱에 해당하는 행위가 없었다고 하여 소청심사위원회의 결정을 취소해달라는 원고의 청구가 받아들여졌다.

우리 법에서는 '성희롱'을 어떻게 정의하고 있는지 살펴보자. 양성평등기본법에서는 ①지위를 이용하거나 업무 등과 관련하여 성적 언동 또는 성적 요구 등으로 상대방에게 성적 굴욕감이나 혐오감을 느끼게 하는 행위, ②상대방이 성적 언동 또는 요구에 대한 불응을 이유로 불이익을 주거나 그에 따르는 것을 조건으로 이익 공여의 의사표시를 하는 행위를 성희롱이라고 명시하고 있다.

고등법원에서는 문제가 된 행위들에 대해서 ①에서 말하는 '성적 굴욕감이나 혐오감'을 피해자들이 느꼈다고 인정하기 어렵다고 판단했다. 좀더 구체적으로 들여다보면 이런 내용이다.

> 피해자1이 봉사활동을 위한 추천서를 받기 위해 친구들과 함께 원고의 연구실을 방문했을 때, 뽀뽀해주면 추천서를 만들어주겠다고 하였고, (…) 원고의 연구실을 찾아가면 "남자친구와 왜 사귀냐, 나랑 사귀자" "나랑 손잡고 밥 먹으러 가고 데이트 가자" "엄마를 소개시켜달라"고 하는 등 불쾌한 말을 한 (…) 사실은 인정할 수 있고 이는 부적절한 면이 없지 않지만, 원고는 평소 피해자1을 비롯한 소속 학과 학생들과 격의 없고 친한 관계를 유지하면서 자주 농담을 하거나 가족 이야기, 연애상담을 나누기도 한 점, 원고와 피해자1의 대화 가운데 극히 일부분을 전체적인 맥락을 고려하지 않은 채 문제 삼는 것은 부적절하다는 점 등을 고려하여 보면 이는 피해자인 여학생의 입장에서 성적 굴욕감이나 혐오감을 느꼈다고 보기 어렵다. 그리고 수업 중 질문을 하면 뒤에서 안는 듯한 포즈로 지도하였다는 것은,

교수인 원고가 많은 학생들이 수업을 받는 실습실에서 그러한 행위를 시도하였다는 것을 상상하기 어려울 뿐만 아니라, 피해자1이 익명으로 이루어진 강의평가에서 이에 대한 언급 없이 원고의 교육방식을 긍정적으로 평가한 점 등에 비추어볼 때 발생사실 자체를 인정하기 어렵다. 다만 원고가 피해자1의 손 위로 마우스를 잡거나 어깨동무를 하는 등의 불필요한 신체적 접촉을 한 사실은 인정할 수 있지만, 이는 원고의 적극적인 교수방법에서 비롯된 것이고 피해자1이 그후에도 계속하여 원고의 수업을 수강한 점 등에 비추어볼 때 일반적이고 평균적인 사람의 입장에서 성적 굴욕감이나 혐오감을 느낄 수 있는 정도에 이른 것이라고 보기 어렵다.

이러한 고등법원의 판결에 대해서 대법원은 잘못된 부분을 지적하고 다시 재판하라는 취지로 고등법원으로 사건을 돌려보냈다. 원고의 행위가 성희롱에 해당하는지 여부는 가해자가 교수이고 피해자가 학생이라는 점, 성희롱 행위가 학교 수업이 이루어지는 실습실이나 교수의 연구실 등에서 발생했고 학생들의 취업 등에 중요한 교수의 추천서 작성 등을 빌미로 성적 언동이 이루어지기도 한 점, 이러한 행위가 일회적인 것이 아니라 계속적으로 이루어져 온 정황이 있는 점 등을 충분히 고려하여 우리사회 전체의 일반적이고 평균적인 사람이 아니라 피해자들과 같은 처지에 있는 사람의 평균적인 입장에서 성적 굴욕감이나 혐오감을 느낄 수 있는 정도였는지를 기준으로 심리, 판단했어야 옳았다는 것이다.

또, 고등법원이 원고가 피해자1에게 불필요한 신체접촉을 한 사실을 인정하면서도, 피해자가 익명으로 이루어진 강의평가에서 이에 대한 언급 없이 원고의 교육방식을 긍정적으로 평가했고, 그후에도 계속하여 원고의 수업을 수강한 점 등을 근거로 피해자 진술의 증명력을 배척한 것은 법원이 충분히 심리를 한 끝에 상반되는 증거를 비교, 대조하여 증명력을 평가해 내린 결론이라고 보기 어렵다고 했다.

원고가 평소 학생들과 격의 없고 친한 관계를 유지하면서 자주 농담을 하거나 가족 이야기, 연애상담을 나누기도 했고 피해자1이 성희롱 사실 이후에도 계속하여 원고의 수업을 수강한 점 등을 이유로 들어 원고의 행위가 일반적이고 평균적인 사람의 입장에서 성적 굴욕감이나 혐오감을 느낄 수 있는 정도에 이른 것이라고 보기 어렵다고 판단한 부분은 자칫 법원이 성희롱 피해자들이 처한 특별한 사정을 고려하지 않은 채 은연중에 가해자 중심적인 사고와 인식을 토대로 판단을 내렸다는 오해를 불러일으킬 수 있어 적절하지 않다고 판단하기도 했다.

대법원 판결에 등장한 '성인지 감수성'

피해자2에 대해서는 수업시간에 뒤에서 안는 식으로 지도하거나 불필요하게 한 의자에 앉아 가르쳐주며 신체적 접촉을 많이 했다든지, 복도에서 마주칠 때 얼굴에 손 대기, 어깨동무, 허리에 손 두르기와 함께 손으로 엉덩이를 툭툭 치는 행위를 했다거나, 단 둘이 있을 때 팔을 벌려 안았고, 학과 MT에서 아침에 자고 있던 피해자2의 볼에 뽀뽀를 두 차례 하여 정신적 충격을 주었으며, 장애인 교육 신청서를 제출하러 간 피해자2에게 자신의 볼에 뽀뽀를 하면 신청서를 받아주겠다고 하여 피해자2가 어쩔 수 없이 원고의 볼에 뽀뽀를 하게 했다는 행위 등이 문제가 되었는데, 이에 대해 고등법원은 피해자2의 이와 같은 진술을 모두 믿기 어렵다고 판단했다.

우선 피해자2는 피해자1의 부탁을 받고 자신의 성희롱 사건도 함께 신고하게 된 것인데, 자신의 피해 사실에 대하여는 형사고소 이후 수사기관이나 법원에서 진술을 거부하면서도 피해자1의 피해 사실에 대하여는 증인으로 출석하여 자유롭게 진술하는 점이 성희롱 내지 성추행 피해자로서의 대응이라고 볼 수 있을지 의문이라고 했다. 다음으로 자신의 피해 사실은 한참 전에 일어난 일들이어서 피해자1의 권유 또는 부탁이 없었더라면 과연 한참 전의 일들을 비난하거나 신고하려는 의사가 있었는지 의심스럽다고 보았다.

또한 피해자2는 이전에는 원고와 격의 없이 지내다가 이 사건으로 해임 처분이 있은 이후로는 원고를 만나는 것을 피하고 있는 것으로 보이는데, 이로 미뤄볼 때 피해자2가 자신의 피해 사실을 수사기관 등에서 진술하는 것을 거부한 이유는 자신의 신고로 인한 책임 추궁이 두렵기 때문으로 의심된다고 했다. 그렇게 의심하는 이유는 피해자2가 원고에 대한 형사고소를 하지 않을 것을 약속하는 각서를 작성해주는 대신 원고에게도 자신에 대한 법적 대응을 하지 않도록 요구하여 그러한 내용의 원고 명의 각서를 공증사무소에서 인증받기까지 했는데, 이는 통상 피해자가 단순히 가해자를 용서하는 합의의 행동이라고 보기에는 이례적이기 때문이라고 했다.

대법원은 '자신의 성희롱 피해 진술에 소극적이었다'거나 '성희롱 사실 발생 후 일정 시간이 경과한 후에 문제를 제기했다'는 등의 사정이 피해자 진술을 가볍게 배척할 사유가 아니며, 특히 고등법원이 피해자1의 권유 또는 부탁이 없었더라면 과연 피해자2에게 한참 전의 원고 행위를 비난하거나 신고하려는 의사가 있었는지 의심스럽다고 한 부분은 성희롱 사실 발생 자체를 배척하는 근거로 삼기에 적절하지 않다고 보았다.

고등법원의 판결을 바로잡기 위해서는 이 판단들만으로 충분했다. 그런데 대법원은 판결의 전체 흐름과 결론에 영향을 미치는 것은 아니었지만 이후로 다양한 의미로 논쟁의 대상이 된 판시를 새로 첨가했다.

법원이 성희롱 관련 소송의 심리를 할 때에는 그 사건이 발생한 맥락에서 성차별 문제를 이해하고 양성평등을 실현할 수 있도록 '성인지 감수성'을 잃지 않아야 한다. 그리하여 우리사회의 가해자 중심적인 문화와 인식, 구조 등으로 인하여 피해자가 성희롱 사실을 알리고 문제를 삼는 과정에서 오히려 부정적 반응이나 여론, 불이익한 처우 또는 그로 인한 정신적 피해 등에 노출되는 이른바 '2차 피해'를 입을 수 있다는 점을 유념하여야 한다. 피해자는 이러한 2차 피해에 대한 불안감이나 두려움으로 인하여 피해를 당한 후에도 가해자와 종전의 관계를 계속 유지하는 경우도 있고, 피해 사실을 즉시 신고하지 못하다가 다른 피해자 등 제3자가 문제를 제기하거나 신고를 권유한 것을 계기로 비로소 신고를 하는 경우도 있으며, 피해 사실을 신고한 후에도 수사기관이나 법원에서 그에 관한 진술에 소극적인 태도를 보이는 경우도 적지 않다. 이와 같은 성희롱 피해자가 처하여 있는 특별한 사정을 충분히 고려하지 않은 채 피해자 진술의 증명력을 가볍게 배척하는 것은 정의와 형평의 이념에 입각하여 논리와 경험의 법칙에 따른 증거판단이라고 볼 수 없다.

"그들은 결코 똑같지 않다"

'감수성'의 정의는 '외부 세계의 자극을 받아들이고 느끼는 성질'이다. 즉 감수성이라는 용어는 '감성'이나 '감정'과는 달리 '예민함'이나 '감도感度'라고 할 수 있다. 성인지 감수성이 있는지 없는지의 문제는 성폭력, 성희롱, 성차별 등의 사건에서 지배적인 성적 고정관념에 빠지지 않으면서 피해를 당하는 순간 또는 그 전후 상황을 인지하는 능력을 갖추었는지 그렇지 않은지의 문제이다.

누스바움은 허버트 웨슬러Herbert Wechsler라는 미국 컬럼비아대학교 법대 교수의 논문 「헌법의 중립성 원칙에 대하여」를 소개하면서 "웨슬러는 중립성을 현재 상황과 역사로부터 아주 멀리 떨어져서 수많은 개별적인 사회적이고 역사적인 사실들을 무시해야 하는 요구로 이해하는 듯 보인다"라고 비판한다. 그러면서 '분리하되 평등하게 한다면 합헌'이라는 플레시 대 퍼거슨Plessy v. Ferguson 판결을 뒤집고 '흑백 분리교육 자체가 위헌'이라고 판단한 브라운Brown v. Board of Eduation 판결에 대한 웨슬러의 관점을 지적하고 있다. 웨슬러는 논문에서 '분리하되 평등하게 한다면 합헌'이라는 플레시 대 퍼거슨 판결이 문제가 아니라 '분리된 학교들이 불평등'했기 때문에 문제였을 뿐이라고 주장한다. 그러면서 유색인종 지위향상협의회의 법률고문이었던 찰스 휴스턴Charles H. Houston과의 일화를 소개한다. 유색인종인 휴스턴과 법정이 휴회되는 시간 동안 함께 점심을 먹기 위해서는 시내 중심가의 식당에는 들어갈 수 없어서 ─ 유색인종은 출입금지였으므로 ─ 유니언 역까지 가야 했지만 휴스턴은 자기보다 덜 괴로워했다는 것이다. 누스바움은 이 부분을 지적하면서 웨슬러에게 이 점심식사 사건은 불편함의 근원이었지만, 휴스턴에게는 열등함의 공적 낙인이었으며, 이런 비대칭성을 고찰하지 않는다면 웨슬러가 주장하는 중립성은 기이한 화성인적 중립성이 될 뿐이라고 말한다.[4]

미국의 브라이어 대법관은 청문회 석상에서 영국의 에세이스트 체스터튼G. K. Chesterton의 글을 소개했다. 체스터튼은 글에서 브론테C. Brontë의 소설 『제인 에어』를 소개하며 "밖으로 나가서 도시를 한번 보시오. (⋯) 보다시피 당신은 19세기 말의 집들을 보고 있지만, 이 모든 집들은 마치 다 똑같이 생겼소. 그리고 저 모든 사람들은 일을 하러 가고 있고 그들 또한 다 똑같다는 생각이 들 것이오. 하지만 브론테가 당신에게 말해주는 것은 바로 그들이 결코 똑같지 않다는 것이오."[5]라고 했다고 한다. 이런 브라이어 대법관조차도 사바나 레딩 사건에서는 '열세 살 소녀'의 '다름'에 대해서 감수성을 발휘하지 못한 채 법정에서 부적절한 질문을 하여 긴즈버그 대법관을 자극했다.

보편성을 기본적인 원리로 하는 법의 해석에서도 그 보편성 때문에 피해를 보게 되는 개별적 인간이 있는지 없는지를 살피는 감수성은 늘 필요하다. 누스바움 식으로 말하자면 '비대칭성에 대한

©gettyimage

2004년 브라운 판결 50주년을 맞아 기념 시위를 벌이는 군중. 흑백 분리교육을 위헌으로 규정했던 브라운 판결이 지향했던 차별 없는 세상은 아직도 완전히 오지는 않은 듯 보인다.

감수성'이다. 미국 대법관의 청문회 석상에서 『제인 에어』가 언급되는 이유도 이 점을 환기시키기 위한 것이다. 지배적인 성적 고정관념 때문에 피해를 보는 사람이 있는지 없는지를 늘 염두에 두어야 하는 것을 '성인지 감수성'이라는 말로 표현한 것이라면 그때의 감수성은 피해자 감수성일 뿐 여성인 피해자의 감성을 가리키는 말은 아닐 것이다.

03

사적 단체에 적용되는 헌법의 범위

교원노조·공무원노조, 정당

어떤 단체가 공공기관이 아닌 사적인 단체로서 결사의 자유를 보장받는 경우라 하더라도, 그 단체의 조직 원리나 내부 운영 등이 헌법 원칙을 위반하는 정도가 심하여 용인될 수 있는 한계를 벗어나는 경우에는 조직원리를 규정한 내부규정이 무효로 될 수도 있고, 단체의 행위가 구성원에 대한 불법행위가 되어 손해배상을 해야 하는 경우도 생기게 된다. 사적인 단체도 자연인과 마찬가지로 기본권을 향유하는 주체가 될 수 있으나, 이처럼 헌법 원칙에 따라 단체를 운영하여야 하는 제한을 받기도 한다. 몇 가지 사례를 살펴보자.

2005년 7월 21일 대법원은 종중이 여성회원을 받아들이지 않는 것이 헌법 원칙을 위반한다고 판단했다. "종중이란 공동선조의 분묘 수호와 제사 및 종원 상호간의 친목 등을 목적으로 하여 구성되는 자연발생적인 종족집단이므로, 종중의 이러한 목적과 본질에 비추어볼 때 공동선조와 성_姓과 본_本을 같이하는 후손은 성별의 구별 없이 성년이 되면 당연히 그 구성원이 된다고 보는 것이 조리에 합당하다"는 것이 대법원의 판단이었다.[1]

종중 재산의 분배 문제에 대해서는 원칙적으로 정관이나 기타 규약에서 정하지 않은 한 종중 총회의 결의에 의하여 분배할 수 있고, 그 분배 비율, 방법, 내용 역시 결의에 의하여 자율적으로 결정할 수 있다고 해서 사적 자치의 원칙을 존중하는 판단을 내렸다. 사적 자치의 원리는 근대법의 기본개념이다. 근대법에서는 인간은 모두 합리적인 판단을 내릴 수 있으며 모두 평등한 권리와 의무를 지닌다는 것을 전제하고 있다. 그렇기에 거래나 계약을 비롯한 법률관계의 형성에서도 개인의 자유를 우선하여 보장하고 국가가 개입하지 않는 것을 원칙으로 한다. 그러면서 '자기 책임의 원칙', 즉 개개인의 잘못된 일에 대해서는 자신이 책임을 져야 한다는 원칙은 분명히 하고 있다. 그리고 종중 재산의 분배도 "현저하게 불공정하거나 선량한 풍속 기타 사회질서에 반하는 경우" 무효가 된다고 했다.[2] 사적 자치의 원칙을 적용하는 데 따르는 일반적인 제한이 종중의 경우에도 적용되기 때문이다.

따라서 종중 재산을 분배하면서 "남자 종원의 경우는 혼인 여부에 관계없이 주민등록표상 세대주이면 1인 세대주라도 비세대주 종원에 비하여 많은 금액을 분배받을 수 있도록 하면서도 여자 종원의 경우에는 세대주 종원이 아닌 비세대주 종원으로서만 분배받을 수 있도록 한 것은 남녀 종원 사이의 성별에 따라 차별을 둔 것에 불과하여 합리적인 근거가 없으므로 그와 같은 내용의 결의(사건에서는 총회의 위임을 받은 이사회의 결의였음)는 무효"가 된다. "종중 재산을 분배함에 있어 단순히 남녀 성별의 구분에 따라 그 분배 비율, 방법, 내용에 차이를 두는 것은 개인의 존엄과 양성의 평등을 기초로 한 가족생활을 보장하고, 가족 내의 실질적인 권리와 의무에 있어서 남녀의 차별을 두지 아니하며, 정치·경제·사회·문화 등 모든 영역에서 여성에 대한 차별을 철폐하고 남녀평등을 실현할 것을 요구하는 우리의 전체 법질서에 부합하지 아니한 것으로 정당성과 합리성이 없어 무효"라는 것이다.[3]

종중은 자연발생적인 종족집단이라는 특수성이 있지만 어디까지나 원칙적으로는 공적 단체가 아닌 사적 단체이다. 그러나 사적 단체의 사적 자치의 원칙에 따른 결정이 헌법 원칙에 비추어볼 때 '현저하게 불공정하거나 선량한 풍속 기타 사회질서에 반하는 경우'에는 제한된다. 정치적 영역이나 공적인 영역에서 작동되어오던 헌법 원칙이 비정치적 영역이나 사적 영역에까지 넓게 적용됨을 잘 보여주는 사례다.

고유한 의미의 종중이 아니라 후손들의 일부에 의하여 인위적으로 조직된 종중과 유사한 단체의 경우에는 어떠한가. "비록 그 목적이나 기능이 고유한 의미의 종중과 별다른 차이가 없다 하더라도 사적 임의단체라는 점에서 자연발생적인 종족집단인 고유한 의미의 종중과 그 성질을 달리하므로, 그러한 경우에는 사적 자치의 원칙 내지 결사의 자유에 따라 그 구성원의 자격이나 가입조건을 자유롭게 정할 수 있음이 원칙이다. 따라서 그러한 종중 유사단체의 회칙이나 규약에서 공동선조의 후손 중 남성만으로 그 구성원을 한정하고 있다 하더라도 특별한 사정이 없는 한 이는 사적 자치의 원칙 내지 결사의 자유의 보장범위에 포함되고, 위 사정만으로 그 회칙이나 규약이 평등 원칙을 정한 헌법 제11조 및 민법 제103조('선량한 풍속 기타 사회질서에 위반한 사항을 내용으로 하는 법률행위는 무효로 한다')를 위반하여 무효라고 볼 수는 없다"고 판단했다.[4] 자연발생적인 종족집단이 아닌 종중유사단체는 일반적인 단체와 마찬가지로 여전히 사적 자치의 원칙이 우선적으로 적용된다는 것을 알 수 있다. 그러나 같은 구성원들 사이의 재산분배 등에 차등을 두면 역시 헌법 제11조와 민법 제103조에 반하여 무효라고 판단될 것이다.

종중보다 공공단체적 성격이 강한 경우에는 어떻게 적용이 될까? 이화여자대학교 법학전문대학원의 경우를 예로 들어보면, 여자대학교에 남학생이 지원하지 못하는 것이 헌법에 위배되는 것이 아니냐 하는 문제제기가 있었다. 이에 헌법재판소는 대학 자율성이라는 이념이 우선시되어야 하므로 여성에 한정하여 지원할 수 있도록 한 모집요강을 교육부장관이 인가한 것이 남성의 직업 선택의 자유를 침해하지 않았다고 결정했다.[5] 이로써 보면 공공성이 강하다는 이유가 헌법 원칙을 적용하는 근거로 일률적으로 작용하지는 않는다.

종중처럼 자연발생적으로 구성원이 결정되는 경우이든, 구성원을 정하는 데 자율성을 가지는 사적 단체이든, 학교법인처럼 공공성을 띤 단체이든 구성원에 대한 차별 처우가 사회공동체의 건전한 상식과 법감정에 비추어볼 때 도저히 용인될 수 있는 한계를 벗어난 경우에는 위법한 것으로 평가될 수 있다. 용인의 한계를 벗어났는지는 사적 단체의 성격이나 목적, 차별 처우의 필요성, 차별 처우에 의한 법익 침해의 양상 및 정도 등을 종합적으로 고려하여 판단한다. 결국 단체의 성격이나 목적 등에 따라 사적 자치를 제한하는 정도가 달라질 수 있으나 그 기본에는 헌법 원칙이 놓여 있다는 것이 중요하다.

여성에 대한 서울YMCA의 차별

사적 단체인 서울YMCA의 여성총회원 자격이 문제된 사건에서 대법원이 서울YMCA의 여성 구성원에 대한 차별처우가 사회공동체의 건전한 상식과 법감정에 비추어 용인될 수 있는 한계를 넘어섰다고 판단하고 있는 것도 같은 맥락에서 살펴볼 수 있다.[6]

서울YMCA는 처음에는 남성단체로 출발했으나 1967년 헌장을 개정하면서 회원 자격을 여성에게도 개방했고, 이후 여성회원이 계속 증가하여 2004년을 기준으로 보면 오히려 여성 일반회원이 남성 일반회원보다 더 많아졌다. 그러자 서울YMCA는 여성회원들의 요구를 받아들여 모든 의사결정 과정에 여성과 남성이 동등한 자격으로 참여하고, 선거권과 피선거권에 대해 여성이 남성과 동등한 권리를 가지며, 여성특별위원회를 설치하고, 내부의 여러 가지 형태의 성차별적인 요인을 찾아 이를 해소하기로 하는 등의 내용을 담은 '여성과 남성이 함께하는 서울YMCA 제100차 총회 결의문'을 채택했다. 그러나 이후에 개최된 이사회는 여성회원의 총회 참여는 헌장 개정이 선행되어야 가능하다는 의견을 고수했고, 제101, 102차 정기총회에서도 그와 같은 내용을 담은 의견서를 제출했다. 제102차 정기총회에서는 여성의 총회 참여 여부에 대한 찬반투표를 실시했으나 여성의 총회 참여를 인정하자는 찬성표가 투표자의 과반수에 이르지 못했다.

이사회는 2006년 2월 25일 제103차 정기총회에서 "총회원은 '만 19세 이상의 기독교회 정회원(입교인)이고 보통회비 이상을 납부한 만 2년 이상 계속 회원인 사람으로서 서울YMCA의 활동에 참여한 남성' 또는 '만 19세 이상의 기독교회 정회원(입교인)이고 보통회비 이상을 납부한 만 2년 이상 계속회원인 여성으로서 서울 YMCA의 위원회에 소속된 위원'으로서 회원규정이 정하는 바에 따라 회원위원회가 추천하고 이사회가 정하는 총회구성원자격심사를 거쳐 그 자격이 인정된 사람으로 한다"는 내용의 헌장 제12조 개정안을 상정했다. 총회원의 자격을 여성과 남성으로 나누어 여성의 경우에는 위원회에 소속된 위원만을 자격심사 대상으로 달리 정한 것이다. 이 개정안은 제100차 총회 결의문과는 다르게 총회원의 자격에 차별을 두어서 퇴행적 개정안이라는 비판 속에 찬반투표가 실시되었고, 그 결과 헌장 개정안은 부결되었다.

여성회원인 원고들은 2003년, 2004년, 2006년 서울YMCA에게 총회원 권한을 요청하거나 총회원 자격부여를 위한 절차 수행 요청서를 보냈으나 총회원에 선정되지 못한 것이 서울YMCA의 불법행위로 인한 것이라고 하여 정신적인 손해의 배상을 구하는 소송을 제기했다.

1심 판결은 원고들의 청구를 기각했으나, 2심 판결에서는 위자료 청구를 일부 받아들였다. 대법원은 피고 서울YMCA가 회원들 중 여성에 대해서 오로지 그 성별만을 이유로 사단의 의사결정이나 기관 선출에 참여할 수 있는 지위에서 배제하는 것은 헌법 제11조가 선언한 평등 원칙에 비추어 용인될 수 없는 성차별적 처우라고 판단했다. 민법 제750조의 불법행위를 구성한다고 판단한 2심의 결론이 옳다는 것이다.

2006년 서울YMCA의 제103차 정기총회에 상정되었던 헌장 개정안은 제100차 총회 결의문의 내용과 시대적 요구를 담지 못해 퇴행적이라는 평가와 함께 결국 부결되었다.

적어도 피고가 스스로 불합리한 총회 운영에 대한 개선 노력을 천명한 2003년도 제100차 정기총회 이후에도 원고들을 총회원 자격심사에서 원천적으로 배제한 성차별적 처우는 우리사회의 건전한 상식과 법감정에 비추어 용인될 수 있는 한계를 벗어나 사회질서에 위반되는 것으로서 원고들의 인격적 법익을 침해하여 불법행위를 구성한다.

이처럼 사적 자치의 원칙이 적용되는 단체에도 사회공동체의 건전한 상식과 법감정상 용인될 수 없을 정도로 헌법 원칙을 위반한 사항이 있다면 위법한 것이 될 수 있다. 단체의 성격이나 목적이 강한 공공성을 띤다면 헌법 원칙의 준수가 좀더 엄격하게 요구될 것이다.

교원과 공무원에게는 조금 다른 헌법

서울YMCA 사례에서 알 수 있듯 헌법 원칙은 정치적 영역이나 공공 영역을 넘어 점차 공공성을 띤 임의적 결사체라든지 전적으로 임의적인 단체에까지도 넓게 적용되고 있다. 그렇다면 대법원과 헌법재판소가 교원과 공무원의 결사체와 관련한 헌법상 권리에 대해서는 어떻게 판단하고 있는지 살펴보자. 하나는 교원노조의 조합원이 될 수 있는 자격에 대한 판결이고, 또 하나는 교원과 공무원에 대한 정당 가입 금지 조항이 헌법적 가치에 합당한지에 관한 판결이다.

첫 번째 문제는 다음처럼 전개되었다. 2013년 10월 24일 고용노동부가 전국교직원노동조합(이하 전교조)을 노동조합법이 정한 요건을 갖추지 못해 법적으로 인정받지 못하는 노조, 즉 법외노조로 통보처분했다. 같은 날 전교조는 법외노조 통보처분 취소소송을 시작했고, 법외노조 통보처분의 효력정지*를 신청했다. 11월 13일에 서울행정법원은 전교조의 신청을 받아들여서 효력정지를 결정했고, 이에 11월 21일 고용노동부장관은 효력정지 결정에 대해 항고했지만 이 항고는 12월 26일 서울고등법원에서 기각되었다. 이에 따라 행정법원의 판결이 나기까지 전교조는 법내노조로서 효력을 가질 수 있게 되었다.

하지만 2014년 6월 19일 서울행정법원은 전교조에 대해 패소판결을 했고, 이로써 전교조는 다시 법외노조가 되었다. 이에 전교조는 바로 항소하면서 다시 법외노조 처분의 효력정지를 신청하고, 동

• 효력정지는 행정소송의 대상이 되는 행정처분의 집행 등으로 긴급하고도 회복할 수 없는 손해가 예상될 경우 행정소송법 제23조 2항에 따라 본안 판결이 나올 때까지 집행 등을 중지시키는 제도다.

시에 교원에 대해 정의한 교원노조법 제2조●가 해직 상태에 있는 교사는 원칙적으로 교원노조의 조합원이 될 수 없다고 규정한 데 대해 헌법재판소에 위헌법률심판제청●●을 해줄 것을 신청했다.

항소심인 서울고등법원에서는 전교조의 효력정지 신청과 위헌법률심판제청 신청을 받아들여 효력정지 결정과 위헌법률심판제청을 했다. 다시 전교조가 법내노조가 된 것이었다. 고용노동부는 효력정지 결정에 대해서 대법원에 재항고했다.

2015년 5월 28일 헌법재판소는 '교원노조법 제2조는 합헌'이라고 결정했다. 또 6월 2일 대법원은 고용노동부의 재항고를 받아들여 서울고등법원의 효력정지 결정을 파기했다. 이로 인해 전교조는 또다시 법외노조가 되었다. 2016년 1월 21일에 서울고등법원은 2014년 6월 행정법원이 내린 본안판결이 옳다고 보아 전교조 패소

- 제2조(정의) "이 법에서 "교원"이란 초·중등교육법 제19조 제1항에서 규정하고 있는 교원을 말한다. 다만, 해고된 사람으로서 노동조합 및 노동관계조정법 제82조 제1항에 따라 노동위원회에 부당노동행위의 구제신청을 한 사람은 노동위원회법 제2조에 따른 중앙노동위원회의 재심판정이 있을 때까지 교원으로 본다." 이 규정이 해직 상태의 교사는 해고에 대하여 구제신청을 하고 있는 사람 외에는 원칙적으로 교원노조의 조합원이 될 수 없다고 규정하고 있는 점이 헌법에서 인정하는 교원의 단결권을 침해하여서 위헌인지가 문제되었다.
- •• 법원에서 재판 중인 사건에서 적용될 법률이 위헌인지 여부를 심판하여줄 것을 법원이 헌법재판소에 제청하는 것을 말한다.

판결을 했다. 전교조가 이에 상고하여, 전교조가 다시 신청한 효력정지 사건과 함께 대법원에 계류 중이다.

이 중 언론보도를 통해 판결거래라고 보도되어 문제가 된 사건이 2015년 6월 2일 대법원의 재항고에 대한 결정이다. 재항고이유서를 법원행정처가 감수 내지 대필해주었다는 의혹이 있고, 청와대 고용노동비서관이 재항고이유서를 고용노동부에 전달하여 고용노동부가 이를 그대로 대법원에 제출한 정황이 있다는 것이다. 또 8월 6일 박근혜 전 대통령과 양승태 전 대법원장이 회동하기에 앞서 작성된 말씀자료에서 대법원의 파기환송 결정을 사법부의 대표적인 협력 사례로 들고 있기도 하다.

교원노조법 제2조가 합헌이라고 한 헌법재판소의 결정을 들여다보자. 헌법재판소 2015.5.28. 선고 2013헌마671, 2014헌가21 결정은 '교원의 노동조합 설립 및 운영 등에 관한 법률'의 적용을 받는 교원의 범위는 초·중등학교에 재직 중인 교원으로 한정하고 해직 상태에 있는 교사 등은 교원노조의 조합원이 될 수 없다고 한 법 제2조가 합헌이라고 판단했다. 다수의견은 헌법상 보장되는 교원의 단결권을 해석하면서 해고의 무효를 다투고 있는 해직 교원이나 일시적으로 일을 쉬고 있는 기간제 교원 등을 배제하는 것이 단결권을 침해하지 않는다고 보았다. 반면 반대의견●은 일시적으로

● 재판관 김이수 1인.

실업상태에 있거나 구직 중인 해직 교원이 포함되어 있다는 이유로 법외노조라고 보는 것은 교원노조 및 해직 교원, 교사자격 소지자의 단결권을 침해하는 것이라고 했다.

위 결정에 의하면 이 법조항의 입법목적은 대내외적으로 교원노조의 자주성과 주체성을 확보하여 교원의 실질적 근로조건 향상에 기여하는 데 있고, 교원노조의 구성원을 제한하는 것이 이러한 입법 목적에 부합하고 최소한의 침해에 그치는지 여부가 위헌성 판단의 핵심이 된다. 두 의견이 나뉜 것도 소수의 기간제 교원, 해직 교원 등이 노조 구성에 포함된 것이 교원노조의 자주성을 침해하는 것인지에 대한 생각 차이 때문이었다.

그런데 다수의견은 "아직 교원으로 임용되지 않은 교사자격 소지자나 해고된 교원에게 교원노조를 설립하거나 그에 가입하여 활동할 수 있도록 하는 것은 (…) 교원노조의 자주성을 해할 우려도 있다"라고 하였다. 그러면서도 "교원노조의 경우 단체협약의 내용 중 법령·조례 및 예산에 따라 규정되는 내용과 법령 또는 조례에 따라 위임을 받아 규정되는 내용에 대하여는 단체협약으로서의 효력이 인정되지 아니하므로, 교원이 아닌 사람들이 교원노조를 통해 정부 등을 상대로 교원의 임용 문제나 지위에 관한 사항에 관하여 단체교섭을 할 수 있도록 할 실익이 거의 없다"라고도 하고 있다. 그러나 이런 논리라면 '자주성을 침해할 실제적 경우도 거의 없다'고 말할 수도 있을 것이다. 결국 실체도 없는 자주성 침해 여부를 중요한 쟁점으로 본 결정 자체가 근본적으로 재검토되어야 한다고 볼 수 있다.

두 번째 문제인 공무원과 교원의 정당 가입을 금지한 규정들에 대한 헌법재판소의 결정도 함께 보자.[7] 헌법재판소는 정당의 헌법 상 위상에 대하여 "정치적 결사로서의 정당은 국민의 정치적 의사를 적극적으로 형성하고 각계각층의 이익을 대변하며, 정부를 비판하고 정책적 대안을 제시할 뿐만 아니라, 국민 일반이 정치나 국가작용에 영향력을 행사하는 매개체의 역할을 수행하는 등 현대의 대의제 민주주의에 없어서는 안 될 중요한 공적 기능을 수행하고 있으므로 그 설립과 활동의 자유가 보장되고 국가의 보호를 받는다"[8]라고 했다. 또 정당 가입의 자유에 관하여 "헌법 제8조 제1항은 정당설립의 자유만을 명시적으로 규정하고 있지만, 정당설립의 자유만이 아니라 누구나 국가의 간섭을 받지 아니하고 자유롭게 정당에 가입하고 정당으로부터 탈퇴할 수 있는 자유를 함께 보장한다"[9]라고 하여, 정당 가입의 자유는 국민 모두에게 인정되는 기본권임을 밝히고 있다. 그러면서도 공무원에 대한 정당 가입을 금지한 규정들은 위헌이 아니라고 했다.

만약 공무원의 정당 가입 행위가 일반적으로 허용된다면, 국가 정책의 수립과 집행에 대한 국민적 신뢰 확보가 어렵고, 공무원이 그 소속 당파적 이익을 대변하여 이를 관철할 수도 있으며, 편향적 공무

집행을 통해 간접적으로 특정 정당이나 후보자에 대한 지지·반대를 표현하게 됨으로써 정치적 중립성을 훼손할 수도 있다. 나아가 국가 정책의 집행을 위해 화합하고 협력하여야 할 공무원 사이에 정치적 이념에 따른 상호 대립과 분열을 조장할 수도 있다.

헌법재판소는 교원에 대해서도 마찬가지로 정당 가입을 금지한 규정이 위헌이 아니라고 보았다.

청구인들과 같은 초·중등학교 교원의 정당 가입 자유를 금지함으로써 정치적 기본권을 제한하는 측면이 있는 것은 사실이나, 감수성과 모방성, 그리고 수용성이 왕성한 초·중등학교 학생들에게 교원이 미치는 영향은 매우 크고, 교원의 활동은 근무시간 내외를 불문하고 학생들의 인격 및 기본생활습관 형성 등에 큰 영향을 끼치는 잠재적 교육과정의 일부분인 점을 고려하고, 교원의 정치활동은 교육수혜자인 학생으로서는 수업권의 침해로 받아들여질 수 있다는 점에서 현시점에서는 국민의 교육기본권을 더욱 보장함으로써 얻을 수 있는 공익을 우선시해야 할 것이다.

결국 헌법 원칙의 적용이라는 관점에서 볼 때 공무원이나 교원에게는 정치적 활동의 자유라는 기본권보다 정치적 중립성의 확보가 더 중요하다는 결정이다.

공무원의 정당 가입을 금지하는 것이 타당한지 하는 문제는 사적 생활에서의 정치적 자유를 제한하는 '정도의 문제'라 할 수 있다. 즉, 제한의 정도가 적절하다면 수긍이 될 수 있는 문제이다. 이에 대해 다수의견은 업무집행과 관련한 부분이 아닌 전면적인 금지도 적절하다고 했다. 그러나 반대의견이 지적하는 것처럼 민주주의가 정착된 주요 국가에서 공무원의 정당 가입을 금지하고 있는 나라를 찾아보기 어려운 것은 공무원의 정당 가입 허용이 그 업무집행에 있어서의 정치적 중립성을 훼손하거나 공무원에 대한 국민의 신뢰를 저하시키지 않는다는 것을 반증한다. 제한의 정도가 지나치다고 볼 수 있다는 것이다.

정당의 입장에서 이 문제를 보려면 오늘날의 의회민주주의와 관련 지어 생각해 보아야 한다. 정당의 입장에서는 공무원이나 교원을 정당원으로 할 수 있느냐 하는 구성원의 문제와 연결되기 때문이다. 오늘날의 민주주의하에서는 민주적 의사 형성과정의 개방성을 보장하기 위하여 정당 설립의 자유를 최대한 보호하고 있다. 그런데 공무원이나 교사 직군에 대해서 전면적으로 정당 가입의 자유가 금지된다면 정당이 헌법으로부터 부여받은 기능을 수행하는 데에도 지장이 있을 수 있다.

재판관 박한철, 김이수, 강일원, 서기석은 이런 점들을 지적하면서 다수의견에 반대했다.

공무원의 정치적 중립의무는 공직수행의 영역에 한정되는 것이고, 공무원이 기본권의 주체인 국민으로서 하는 정치활동까지 금지하여서는 안 된다. (…) 공무원의 정치적 중립성을 보장하기 위해 공직에서의 정치활동을 제한하는 것으로 충분한데도, 획일적이고 전면적으로 정당 가입을 금지하는 것은 공무원의 기본권 주체로서의 지위를 부인하는 것이다. (…) 이 사건 정당 가입 금지조항과 같은 별도의 규정을 두지 않더라도 이미 국가공무원법에는 공무원의 정치적 중립성을 확보하고 근무기강을 확립하는 방안이 충분히 마련되어 있다. 그럼에도 불구하고 이 사건 정당 가입 금지조항이 공무원의 정당 가입을 일반적으로 그리고 사전적으로 금지하고 있다는 점에서도 침해의 최소성 원칙에 위배된다. (…) 공무원의 정당 가입의 자유를 금지함으로써 실현되는 공익은 그 효과에 있어서 매우 불확실하고 추상적이다. 반면 헌법이 보호하는 정당 가입의 자유를 박탈당함으로써 발생하는 공무원의 기본권에 대한 제약은 매우 크다. 따라서 법익의 균형성도 인정하기 어렵다.

'공익에 반하는 행위'의 모호성

대법원은 전교조의 시국선언 사건에서 교원의 정치적 자유의 한계를 그어보려고 시도했다.[10] 2009년 교사인 피고인들이 전교조 본부 및 지부 간부들과 함께 정부 정책과 국정운영을 비판하고 국정 쇄신을 촉구하는 내용의 제1차 시국선언을 했다. 그리고 표현의 자유 보장과 시국선언 탄압 중지 등을 요구하는 내용의 제2차 시국선언과 '교사·공무원 시국선언 탄압 규탄대회'를 열었다. 피고인들의 이러한 행위가 '공무 외의 일을 위한 집단행위'로서 국가공무원법 제66조 제1항●의 집단행위의 금지 조항을 위반한 것이라고 하여 기소된 사건이었다. 대법원의 다수의견은 피고인들의 시국선언 등은 '공익에 반하는 행위'로서 국가공무원법상의 금지조항을 위반한 것이므로 피고인들은 유죄라는 입장이었다.

이런 행위는 공무원인 교원의 정치적 중립성을 침해할 만한 직접적인 위험을 초래할 정도의 정치적 편향성 또는 당파성을 명확히 드러낸 행위이고, 이는 공무원인 교원의 본분을 벗어나 공익에 반하는 행위로서 공무원의 직무에 관한 기강을 저해하거나 공무의 본질을 해치는 것이어서 직무전념의무를 해태한 것이므로 국가공무원법 제66조 제1항에서 금지하는 '공무 외의 일을 위한 집단행위'에 해당한다.

● "공무원은 노동운동이나 그밖에 공무 외의 일을 위한 집단행위를 하여서는 아니 된다. 다만, 사실상 노무에 종사하는 공무원은 예외로 한다."

반대의견은 '공익에 반하는 목적을 가진 행위'라고 볼 수도 없고 결과적으로 공익에 반하는 행위가 되지도 않는다고 주장했다.

1, 2차 시국선언은 (…) 헌법이 국민 누구에게나 보장한 기본권인 표현의 자유를 행사한 것일 뿐이며, 이와 같은 표현의 자유는 헌법이 지향하는 자유민주적 기본질서의 기본 전제가 되는 것이므로, 이는 시국선언의 주체인 '전교조 소속 교사들이나 시국선언에 동참한 교사들' 집단의 이익을 대변하기 위한 것으로 볼 수 없고, 그 이익을 대변함으로써 국민 전체의 이익추구에 장애가 되는 것도 아니며, 그것이 공무수행에 대한 국민의 신뢰를 현저히 훼손하거나 민주적·직업적 공무원제도의 본질을 침해하는 것으로 볼 수도 없다. 요컨대 피고인들이 1, 2차 시국선언에 관여한 행위는 국가공무원법 제66조 제1항이 금지하는 집단행위에 해당한다고 볼 '공익에 반하는 목적을 위한 행위'가 아니고 '직무전념의무를 해태하는 등의 영향을 가져오는 집단적 행위'도 아니므로, 그 조항이 금지하고 있는 '공무 외의 일을 위한 집단행위'에 해당하지 않는다.

헌법이나 법률에서 정당이나 교원조직의 구성 또는 운영의 문제에 간섭하는 논리는 공무원이나 교원의 정치적 중립성을 담보하여 사회 전체의 공익을 보장하기 위한다는 데 있다. 즉 사회 전체의 공익을 위하여 공무원·교원조직은 물론 공무원이나 교원 개개인도 표현의 자유나 정치적 자유의 제한을 감수해야 한다는 것이다. 그렇다면 그 제한은 그들의 기본권을 침해하지 않을 정도로 최소한의 제한이어야 할 텐데 과연 그런지는 의문이다.

헌법재판소의 결정이나 대법원 전원합의체 판결은 공익성을 이유로 조직 내부에 폭넓게 관여하면서, 교원과 공무원의 정치적 자유에 대해서는 그 구성원이 특수하다는 이유로 규제가 정당하다고한 것이었다. 결국 조직과 구성원을 모두 규제하는 것이어서 조직자체의 자율성이나 민주적 원칙이 발휘될 여지가 제한됨은 물론구성원의 기본권 침해도 문제된다. 조직의 민주적 운영을 보장하고 구성원의 기본권 침해를 최소화하여 조직과 구성원이 모두 민주주의에 적극적으로 동참할 수 있도록 할 수 있는 방법이 처음부터 봉쇄되어 제대로 검토되지 못하고 있는 것이다.

민주주의의 도구는 민주적인가

마지막으로 정당과 관련하여 헌법 원칙이 어떻게 적용되는지에대한 또다른 사례를 살펴보자. 정당은 정치적 활동을 위해 조직된단체이니만큼 단체 내부에 헌법 원칙이 전면적으로 적용되어야 한다는 주장도 있고 정당의 자율성이 더 중요하다는 주장도 있다. 최장집은 "민주화 이후 대통령들은 크든 작든 권위주의적, 독선적 통

ⓒ연합뉴스

전교조의 법외노조 결정 철회를 위한 농성 모습이다. 2019년 현재에도 전교조는 교직원의 참정권 보장을 꾸준히 요구하며 투쟁 중이다.

치 스타일과 정책결정과정의 특성을 공유했다. 그리고 이러한 특성들, 즉 통치 스타일에서의 권위주의적 행태는 정당이 정체성과 더불어 사회에 대한 소통의 채널로 기능하는 정도에 비례하여 확대되거나 견제될 수 있다."[11]라고 했다. 정당 자체에 헌법 원칙이 철저하게 적용되는 것이 권위주의적 행태의 대통령이나 정부를 견제하는 데 도움이 될 것은 명백하다. 이 점에 관하여 생각해볼 수 있는 판결을 하나 들여다보자. 통합진보당의 당내 경선 대리투표 행위가 업무방해가 되는지에 관한 대법원 판결이다.[12]

2012년 4월 11일 실시된 제19대 국회의원 선거를 앞두고, 통합진보당은 2012년 3월 14일부터 18일까지 비례대표 후보자를 추천하기 위한 당내 경선을 실시했다. 비례대표 경선은 현장투표, 온라인투표 및 우편투표(부재자투표인 경우)로 나누어 실시했는데, 온라인투표의 경우 당원의 직접·평등·비밀투표를 담보하기 위해 당 인터넷 전자투표시스템에 접속한 선거권자가 당원명부에 등록된 휴대전화로 전송받은 인증번호를 시스템에 입력한 다음 투표에 참여하는 방식으로 진행되었다. 따라서 온라인투표의 경우 선거권자가 직접 위 전자투표시스템에 접속하여 자신의 휴대전화로 전송된 인증번호를 입력한 후 자신이 지지하는 비례대표를 선택했어야 했다.

피고인들은 통합진보당의 당직자이거나 당원이었다. 이들은 당내 경선과정에서 온라인투표를 대리로 하기로 사전에 논의한 후 30여 명의 선거권자들로부터 인증번호를 전달받은 뒤 그들 명의로 자신들이 지지하는 후보자에게 전자투표를 했는데, 이러한 투표행위가 위계에 의한 경선관리업무의 방해라고 하여 기소되었다.

대법원은 헌법이나 공직선거법이 "국회의원 선거를 포함하여 대의민주주의 선거에 있어서 선거권자 누구나 똑같은 가치의 선거권을 행사하는 보통·직접·평등·비밀선거가 원칙"임을 천명하고 있으므로 국회의원 비례대표 후보자 명단을 확정하기 위한 당내 경선에서도 정당의 대표자나 대의원을 선출하는 절차와 달리 직접투표의 원칙이 최소한의 기준이 된다고 했다. 그리고 정당법 제32조나 통합진보당 당규에서도 직접투표(현장투표)의 경우 대리투표가 금지됨을 명시적으로 선언하고 있다는 등의 이유로 피고인들에게 유죄를 인정했다. 정당의 당내 경선과정에도 정당법은 물론, 헌법과 공직선거법도 적용된다고 판단한 것이다.

이 점에 관해서는 이론異論이 있지만(관련 사건의 제1심에서는 위 법들이 정당의 당내 경선과정에서 적용된다고 볼 근거는 없다는 이유로 무죄를 선고했다), 정당 내부의 경선에서도 헌법의 4대 선거원칙이 적용된다고 본 것은 그 의미가 작지 않다. 사회공동체의 건전한 상식과 법감정에 비추어볼 때 정당 내부에 헌법 원칙이나 민주주의 원칙이 어디까지 적용될 수 있을 것인지를 제대로 논의해볼 기회가 될 수도 있었기 때문이다. 그러나 이어진 헌법재판소의 통합진보당 해산 결정과 함께 보자면 이 판결은 오로지 통합진보당의 존폐 문제에만 연결되어 논의되었을 뿐 우리나라 정당 내부에 헌법 원칙을 적용할 필요성이나 그와 관련한 문제와는 아무런 관련이 없게 되었다.

우리나라 대부분 정당의 당내 민주주의 수준은 지적되는 경우 자체가 드문 데서도 알 수 있듯이 논의 자체도 잘되지 않고 있는 편이다. 후보자 공천이라든지 당내 경선과정도 당내 민주주의의 관점에서 지적되는 일은 드물다. 이 판결이 정당을 좀더 개방적으로 운영하도록 하고 내부에 민주주의 원칙을 비롯한 헌법 원칙이 더 강력하게 적용되도록 하는 훌륭한 출발점이 될 수도 있을 것 같았는데 실제 정치의 현장에서 그런 관점으로 논의된 것을 보기 어려웠던 점은 아쉽다. 당내 경선의 직접투표 원칙을 포함한 정당 내부의 민주주의에 대한 문제제기가 활발하지 않은 이유가 무엇일까. 그동안 우리사회에서는 정치에서의 민주주의만 중요하게 논의되어왔을 뿐 정치적 영역 자체를 형성하는 집단, 조직의 민주주의 도달 정도에 대해서는 외면해왔던 탓은 아닌가. 아니라면 정치에서 정당에 거는 기대가 약해서인가. 또는 어차피 정당만으로는 민주화 이후의 문제를 해결할 수 없기 때문인가.

정당에서 더 나아가 우리 일상에 널린 이런저런 공적·사적 조직들의 내부를 헌법 원칙에 입각하여 정면으로 문제 삼지 않고는 정치를 포함한 우리사회의 민주주의에로의 지향은 요원할 뿐이다. 로버트 달Robert Dahl은 아무리 작은 나라라도 수많은 독자적 결사체와 조직을 필요로 하는데 그것이 "다원적 시민사회의 국가이든, 그 하부단위이든, 혹은 독립된 결사체이든, 어떠한 통치조직도 그것의 비민주적 측면에 대하여 도전받지 않고 지나쳐서는 안 된다"[13]라고 지적하고 있다. 우리사회의 이런저런 조직의 의사결정 과정이나 문화를 돌아볼 때마다 로버트 달의 지적을 떠올려보게 된다. 많은 사람이 이제 이 정도면 민주주의는 완성되었다고 말한다. 그러나 민주주의를 지향하는 조직들의 내부로 들어가면 그렇지 않은 경우를 많이 발견한다. 공적인 성격을 지니는 기존의 정당이나 여러 기관조차 전혀 다르지 않다. 이제는 우리 안의 구체적인 민주주의도 함께 논의해야 할 때가 아닐까.

04

계약이 법보다
우선할 수 있는가

가습기살균제 사건, 통상임금 사건,
철도노조 파업 사건

2011년 4월, 급성호흡부전 임산부 환자들이 잇달아 발생하면서 가습기살균제 문제가 우리나라를 뒤흔들었다. 샴푸, 물티슈 등 여러 제품에 이용되어오던 화학물질이 가습기살균제를 만드는 데에 사용되었고, 이 살균제를 가습기 청소에 사용한 사람들이나 그 가족들의 호흡기로 해당 물질이 흡입되면서 치명적인 폐 손상이 발생한 것이다. 그 결과 사망자가 230여 명, 심각한 폐 질환자가 1500여 명에 이르렀고, 이 지경에 이르러서야 사태의 전모가 드러나기 시작했다.

조사 결과 2000년경부터 살균제 성분의 유해성이 우려되므로 흡입 독성실험을 거쳐야 한다는 요구가 있었는데도 불구하고 실험이 생략된 채 가습기살균제가 시판되었음이 알려졌다. 2006년경부터 원인불명의 폐렴이 보고되는 등 이상 징후가 발견되었는데도 제대로 된 대응이 없다가, 2011년에야 역학조사로 비로소 진상이 밝혀지기 시작한 것이다. 이후 우여곡절 끝에 가습기살균제 피해 구제를 위한 특별법이 제정되어 2017년 8월 9일부터 시행되었지만 아직도 문제는 진행 중이다.

그렇다면 왜 가습기살균제 제조사인 옥시는 2000년경부터 흡입독성실험이 필요하다는 경고를 받고도 이를 묵살하고 시판을 강행했던 것일까. 프랑스의 노동법학자인 알랭 쉬피오Alain Supiot가 지적하고 있는 '효율적 계약파기 이론'을 빌리면 이 문제에 대한 설명이 좀더 쉬워질 것 같다. 쉬피오의 설명에 의하면 효율적 계약파기 이론은 계약당사자의 행위를 판단하는 기준을 사회적 효용을 극대화하는 계산에서 찾는 것으로서, 리처드 포스너Richard Posner를 비롯한 미국의 법경제학자들에서 널리 지지되는 이론이다.[1]

쉬피오는 모든 걸 계약으로 해결할 수 있다는 환상에 우려를 표하면서, 효용성을 계약 내용의 정당성의 근거로 삼게 될 경우 생기는 사태에 대해 염려한다. 약속을 어기는 편이 더 이득이 될 때에는 효용성 기준에 따라 약속을 어기는 것이 정당화된다는 것이다. 예를 들어 부동산 가격이 상승하는 국면에서 값싸게 부동산을 팔기로 계약한 사람을 생각해보자. 값이 많이 올라 배액 이상의 위약금을 주더라도 이익이 된다면, 그 사람은 중도금을 받기 전에 계

ⓒ연합뉴스

'가습기살균제 사건'은 사후 보상이 효율적이라는 판단도, 모든 것을 계약으로 해결할 수 있다는 환상도 사람의 생명에 앞설 수는 없다는 것을 사회구성원 모두가 인지하는 계기가 되었다.

약을 파기하고 다른 매수인과 계약하려고 할 것이다. 계약이 자유이고 위약금을 물어주면 파기할 수 있다는 조항이 있는 이상 이를 문제 삼기란 어렵다. 하지만 어렵게 모은 돈으로 그 부동산을 매수하기로 계약한 사람의 입장은 다르다. 갑자기 계약이 파기되어버려서 다른 부동산을 알아보려고 해도, 위약금을 받은 것을 추가한다 한들 그 지역에서 자신의 용도에 맞는 부동산을 찾기 불가능하다면 효율적 계약파기 이론은 그에게는 전혀 '효율적'이지 않을 것이다.

가습기살균제와 같은 위험한 생활용품 등은 경우가 좀더 심각하다. 시판하기 전에 복잡하고 비용이 많이 드는 실험을 미리 거치는 것보다 문제가 된 이후에 배상하는 것이 경제적으로 유리하다면 제조업체로서는 그렇게 하는 것이 효율적일 수 있다. 그러나 피해자의 입장에서는 생명이 달린 문제가 된다.

효율적 계약파기 이론의 관점에서 보면 계약이 이행되는 것과 이행되지 않는 것은 효용성의 관점에서 따져볼 문제일 뿐 도덕적인 비난의 문제는 아니다. 하지만 쉬피오는 "저마다 자신에게 유리한 경우에만 약속을 지키는 세상이라면 말이라는 건 이제 아무런 가치도 지니지 못할 것"이고 "이런 사회에서는 가장 약한 사람들이 가장 높은 비용을 지불하게 되며 이에 따라 약자들은 정치가의 말을 조금도 신뢰하지 못하고, 법률에도 아무런 가치를 부여하지 않는다"라고 한다. 법의 제도적 기능은 "각자의 행위가 상식을 벗어나지 않을 수 있는 기준"으로서의 역할인데, 효용성이 기준이 된다면 결국 힘의 원칙만이 가치를 가질 것이다.[2]

예외의 예외를 인정하다

대법원에서는 2013년 12월 18일, 통상임금에 관한 전원합의체 판결을 선고했다.[3] 통상임금의 범위를 명확하게 정의 내리면서도 판결 이전에 노사합의에 따라 이루어진 임금협상 부분의 반환은 구할 수 없는 예외적인 경우를 인정한 판결이다.

사실관계는 비교적 간단하다. 피고인 회사는 상여금 지급률을 연 700%로 정하여 짝수 달에 100%, 설과 추석에 각 50%씩을 지급해왔다. 이때 지급할 상여금의 계산은 생산직의 경우는 기본급에 매달 지급되는 직책수당, 생산수당, 위해수당, 근속수당, 자격수당 등을 합산하여 산정했고, 관리직의 경우는 월봉을 기준으로 산정했다. 한편 회사와 생산직 근로자들로 구성된 노동조합 사이에 체결된 단체협약은 기본급과 위에서 언급되는 수당만을 통상임금에 산입되는 임금으로 정했고, 정기상여금과 설·추석상여금, 하계휴가비 등은 통상임금에 산입되는 임금에서 제외했다. 이에 대해서 관리직 직원들이 상여금도 통상임금에 산입하여 미사용 연차휴가수당을 계산해 미지급된 부분을 지급해달라는 소송을 제기했고[4],

생산직 직원들은 설·추석상여금, 하계휴가비, 김장보너스, 선물비, 생일자지원금, 개인연금지원금, 단체보험료 등도 통상임금에 산입하여 연장근로수당을 계산해 미지급된 부분을 지급해달라는 소송을 제기했다.[5]

통상임금은 말 그대로 통상적인 근로시간에 대해 지급되는 임금이다. 통상적인 근로시간을 넘어서는 연장근로, 야간근로 및 휴일근로의 경우에는 근로기준법에서 정한 대로 임금을 가산해서 주어야 하는데 그때는 통상임금이 기초가 된다. 근로자의 연장·야간·휴일근로가 상시적으로 이루어지는 경우가 드물지 않은 우리나라에서는 연장·야간·휴일근로에 대한 가산임금 등을 산정하는 기준임금인 통상임금이 중요한 기능을 할 수밖에 없다. 그러나 실제로 주어지는 각종 수당 중 어떤 것을 통상임금이라 보고 어떤 것은 아니라고 할 것인지에 대해서는 계속해서 논란이 있어왔다. 대법원은 전원합의체 판결로 이 문제에 대해서 비교적 명확하게 정리했다.

근로기준법은 (…) 실제 근로시간이나 근무실적 등에 따라 증감·변동될 수 있는 평균임금의 최저한을 보장하고 연장·야간·휴일근로에 대한 가산임금, 해고예고수당 및 연차휴가수당 등을 산정하는 기준임금으로서 '통상임금'을 규정하고 있다. 근로기준법은 통상임금에 관하여는 직접 정의 규정을 두고 있지 않지만, 근로기준법 시행령 제

6조 제1항은 "법과 이 영에서 통상임금이란 근로자에게 정기적이고 일률적으로 소정근로 또는 총 근로에 대하여 지급하기로 정한 시간급 금액, 일급 금액, 주급 금액, 월급 금액 또는 도급 금액을 말한다"고 규정하고 있다.

이에 따라 대법원은 통상임금의 개념적 징표는 정기성, 일률성, 고정성이라고 못 박았다. 그리고 이와 같은 기준에 위반하여 정한 임금 합의는 무효임을 명백히 했다.

그러나 다수의견은 비록 근로기준법에 위반하여 무효인 합의라 하더라도 예외적인 경우에는 그 무효를 주장할 수 없다고 했다. 즉 특정 수당이 통상임금에 포함되지 않는다는 것을 전제로 노사 간 협상을 통해 임금수준을 정한 상황에서 근로자 측이 합의된 임금수준을 초과하는 예상외의 이익을 추구하고, 그로 인하여 사용자 측에 중대한 경영상의 어려움을 초래하거나 기업의 존립을 위태롭게 하는 특별한 사정이 있는 등의 예외적인 경우에는 노사합의의 무효를 주장하는 것이 신의성실의 원칙에 위배되어 허용되지 않는다고 했다. 근로기준법의 기준에 위반한 노사합의로서 원칙적으로는 무효라도 신의성실의 원칙이라는 일반 조항을 끌어들여 예외적으로 무효가 되지 않는 경우를 설정한 것이다.

신의성실의 원칙은 '법률관계의 당사자는 상대방의 이익을 배려하여 형평에 어긋나거나 신뢰를 저버리는 내용 또는 방법으로 권리를 행사하거나 의무를 이행하여서는 안 된다는 추상적 규범'을 말한다. 신의성실의 원칙에 위배된다는 이유로 권리의 행사를 부정하기 위해서는 상대방에게 믿음을 주었거나 객관적으로 보아 상대방이 믿는 것이 정당한 상태여야 하고, 이와 같은 상대방의 믿음에 반하여 권리를 행사하는 것이 정의관념에 비추어 용인될 수 없는 정도의 상태에 이르러야 한다는 것이 그동안의 대법원의 판단이었다. 그러므로 단체협약 등 노사합의의 내용이 무효인 경우에, 그 무효를 주장하는 것이 신의성실의 원칙에 위배되는 권리행사인지를 판단할 때에도 마찬가지 요건이 적용된다.

그런데 근로기준법의 강행규정●을 위반한 합의의 경우, 신의성실의 원칙을 적용하여 합의의 효력을 유지시킨다면 법이 그 규정을 강행규정으로 정한 취지를 살리지 못하는 결과가 될 것이 뻔하다. 합의로 강행규정을 바꾸는 결과가 되기 때문이다. 그러므로 '합의가 강행규정에 위반되는 것이어서 무효'라는 주장이 신의성실의 원칙에 위배된다고 보아서는 안 된다는 것이 원칙이다.

그러나 이 문제에 대해 대법원의 다수의견은 근로기준법의 강행규정성에도 불구하고 신의성실의 원칙이 우선하여 적용되는 예외적인 경우를 두었다. 임금협상 당시에 노사가 모두 근로기준법을 위반한 내용을 전제로 삼아 합의를 한 상황에서 그 노사합의가

● 당사자의 의사 여하와 무관하게 강제적으로 적용되는 규정을 말한다.

무효가 될 때 기업의 존립 자체가 흔들릴 수 있는 상황이라면, 그것이 근로기준법의 강행규정을 위반한 합의였더라도 무효를 주장할 수 없다는 예외를 인정한 것이다. 이 다수의견의 판단에 따르면 이러한 예외적인 상황에서는 노사합의 당시에 노사 양측이 인식했던 통상임금을 기초로 임금인상률을 정하고 지급 형태나 조건 등을 변경하는 등의 합의가 이루어졌다면, 이후에 노사 양측이 통상임금의 범위를 잘못 알고 있었음이 밝혀졌더라도 그에 따른 차액을 추가 청구할 수 없다. 결국 정기상여금에 대한 다수의견의 판단은 다음과 같았다.

> 임금협상 과정을 거쳐 이루어진 노사합의에서 정기상여금은 그 자체로 통상임금에 해당하지 아니한다고 오인한 나머지 정기상여금을 통상임금 산정 기준에서 제외하기로 합의하고 이를 전제로 임금수준을 정한 경우, 근로자 측이 (…) 정기상여금을 통상임금에 가산하고 이를 토대로 추가적인 법정수당의 지급을 구함으로써, 노사가 합의한 임금수준을 훨씬 초과하는 예상외의 이익을 추구하고 그로 말미암아 사용자에게 예측하지 못한 새로운 재정적 부담을 지워 중대한 경영상의 어려움을 초래하거나 기업의 존립을 위태롭게 한다면, (…) 근로자 측의 추가 법정수당 청구는 신의성실의 원칙에 위배되어 받아들일 수 없다.

근로기준법이 임금에 관한 사항을 대부분 강행규정으로 하고, 노사합의가 있다 하더라도 강행규정을 위반한 경우에는 그 합의를 무효라고 한 것은 노사합의를 빌미로 근로기준법을 무력화하는 것을 막기 위한 것이다. 그런데도 노사합의 당시 노사 양측이 법규에 대해 착오가 있었다는 이유로 강행규정에 위반된 합의를 무효로 할 수 없다고 본다면, 근로기준법의 강행규정성은 그대로 보전되기 어렵게 될 수 있다. 계약주의의 예외를 정한 것이 강행규정인데 여기에 다시 신의성실의 원칙이라는 예외를 인정한 것은 예외의 예외를 설정한 것과도 같다. 더구나 이 다수의견대로면 하급심에서 '중대한 경영상의 어려움'이나 '기업의 존립이 위태'한지의 여부를 판단하면서 빚어질 혼란도 예상된다.

　　실제로 이 전원합의체 판결 이후에도 하급심에서는 통일적인 기준의 설정이 어려워 통상임금 사건들을 처리하는 데 애로가 있었다. 또 개별 사건의 당사자들은 전원합의체 판결이 있었음에도 여전히 법원의 판결이 어떤 방향으로 정리될 것인지 가늠하기 어려워했다. 법적안정성이 심하게 흔들렸던 것이다. 보수적 결론의 판결이 지키고자 하는 가장 중요한 가치가 법적안정성이라는 점을 생각해볼 때, 노사합의를 유지하려는 다수의견의 결론이 진보적이라고 평가되는 그 어떤 판결도 하지 못했던 수준으로 법적안정성을 해쳤다는 것은 아이러니하다.

　　대법관 3인의 "신의성실의 원칙을 이용하여 강행규정을 위반한 법률행위의 효력을 유지하는 것은 전체 법질서 내에서 작동하여야 할 신의성실의 원칙이 법질서에 역행하는 결과를 초래한다. (…) 신의성실의 원칙은 강행규정에 앞설 수 없다."라고 한 반대의견도 신의성실의 원칙의 적용이 가져올 문제점을 지적하고 있다.

그러면서 반대의견은 대법원은 최고의 법해석 기관으로서 통상임금에 관한 법리를 법에 따라 선언해야 하는 것이고, 그에 따른 경제적 우려를 최소화하는 것은 정부와 기업의 역할인데도 대법원이 앞으로 시행될 노동정책까지 고려하여 현행 법률의 해석을 거기에 맞추려 한다면 이는 법해석의 왜곡이라고 지적한다.

다수의견 측의 보충의견은 노사 양측이 착오를 일으켜서 합의를 한 이상, 착오를 하지 않았을 경우에 약정했을 것으로 보이는 내용으로 합의를 해석하는 것은 신의성실의 원칙에 반하지 않는다고 한다. 결국 '임금협상의 경위와 그 목표 및 결과 등은 도외시한 채 상여금·수당의 지급 형태와 조건은 그대로 유지되어야 한다는 전제' 자체가 잘못되었다고 말함으로써, 임금협상의 과정이 근로기준법보다 우위에 있다는 결론을 내놓았다. 즉 다수의견이 서 있는 자리는 노동자를 보호하기 위해서 강행규정으로 정해놓은 법조차 때로는 노사 합의에 의하여 변경될 수 있다는 것이다. '계약주의 제국의 확대'라는 쉬피오의 지적이 떠오르는 대목이 아닐 수 없다. 쉬피오는 이렇게 합의가 법보다 상위에 놓이게 될 때에 개별적인 관계당국의 힘보다 합의의 힘이 강력해지는 상황이 될 것을 우려했다. 합의가 그 무엇보다 우선되는 새로운 사회질서가 우리의 가치평가와 판단을 지배하게 될 것이라는 이유였다. 사회법 영역에서의 계약주의의 확대는 결국 자유방임주의가 지배하던 초기자본주의로의 회귀로 이어질 수밖에 없을 것이다. 또는 이미 세계에 널리 퍼진 신자유주의가 단체법의 해석에도 반영된 것이라 해야 할지 모르겠다.

노동쟁의의 정당성을 판단하는 논리

노동쟁의의 정당성에 관한 판례들도 살펴보자. 헌법 제33조는 이른바 '노동3권', 즉 근로자의 단결권, 단체교섭권, 단체행동권을 규정하고 있다. 그리고 노동조합 및 노동관계조정법(이하 노노법)은 제3조에서 "사용자는 이 법에 의한 단체교섭 또는 쟁의행위로 인하여 손해를 입은 경우에 노동조합 또는 근로자에 대하여 그 배상을 청구할 수 없다"라고 규정하며, 제4조에서는 "형법 제20조의 규정●은 노동조합이 단체교섭·쟁의행위 기타의 행위로서 제1조의 목적을 달성하기 위하여 한 정당한 행위에 대하여 적용된다. 다만

• 제20조(정당행위) 법령에 의한 행위 또는 업무로 인한 행위 기타 사회상규에 위배하지 아니하는 행위는 벌하지 아니한다.

어떠한 경우에도 폭력이나 파괴행위는 정당한 행위로 해석되어서는 아니 된다."라고 규정하고 있다. 즉 폭력이나 파괴행위가 아닌 정당한 노동쟁의의 경우에는 형사처벌과 민사적 손해배상을 면제하고 있다. 그러므로 노동쟁의가 정당성이 있는지 없는지가 형사와 민사 모두에서 가장 중요한 기준이 된다.

대법원은 쟁의행위의 정당성을 넓게 인정하는 것을 경계하고 있다. 대법원은 "근로자의 쟁의행위가 형법상 정당행위가 되기 위하여는 첫째 그 주체가 단체교섭의 주체로 될 수 있는 자이어야 하고, 둘째 그 목적이 근로조건의 향상을 위한 노사 간의 자치적 교섭을 조성하는 데에 있어야 하며, 셋째 사용자가 근로자의 근로조건 개선에 관한 구체적인 요구에 대하여 단체교섭을 거부하였을 때 개시하되 특별한 사정이 없는 한 조합원의 찬성결정 등 법령이 규정한 절차를 거쳐야 하고, 넷째 그 수단과 방법이 사용자의 재산권과 조화를 이루어야 함은 물론 폭력의 행사에 해당되지 아니하여야 한다는 여러 조건을 모두 구비하여야" 한다고 수차례 판시했다.[6]

민사상의 면책범위와 관련해서도 대법원은 "정당한 쟁의행위라고 하기 위해서는 우선 주체가 단체교섭의 주체로 될 수 있는 자이어야 하고, 또 단체교섭과 관련하여 근로조건의 유지, 개선 등을 목적으로 하는 것으로서 목적이 정당하여야 하며, 시기와 절차가 법령의 규정에 따른 것으로서 정당하여야 할 뿐 아니라, 그 방법과 태양態樣이 폭력이나 파괴행위를 수반하는 등 반사회성을 띤 행위가 아닌 정당한 범위 내의 것이어야 한다"[7]라고 하여 형법상 정당행위와 대동소이하게 판시하고 있다.

어떤 경우에 근로자의 쟁의행위가 정당한 것이 아니어서 근로자들이 민사상 손해배상책임을 부담해야 하는가. 한 사례를 살펴보자. 직권으로 중재회부되었는데도 강행한 파업에는 쟁의행위의 정당성이 인정되지 않는다고 하여 손해배상책임을 인정한 사례이다. 필수공익사업장의 직권중재회부제도는 중앙노동위원회가 철도, 시내버스, 수도·전기·가스 등 공급, 병원, 은행, 통신사업 등 국민이 생활하는 데 꼭 필요한 공익사업에서 파업이 발생할 경우 행정관청의 요청 또는 노동위원회 직권으로 중재에 회부할 수 있게 한 제도이다. 직권으로 중재에 회부되면 15일 동안 노조의 파업이 금지되었다. 이와 같은 직권중재회부제도는 2008년 1월 1일자로 폐지되었다. 이 사건은 직권중재회부제도가 폐지되기 전에 있었던 철도노조의 파업사건이었다.

대법원은 "피고(철도노조)의 불법 쟁의행위로 인하여 원고(한국철도공사) 측에게 발생한 운수수입 결손금과 대체인력 투입비용을 합산한 후 같은 원인으로 절감된 인건비, 연료비, 기타 필요비용을 공제하는 방식으로 피고의 불법 쟁의행위와 상당인과관계 있는 손해"를 인정한 원심의 판단이 옳다고 했다.

심지어 대법원은 원고와 피고의 합의가 있어도 손해배상을 명할 수 있다고 했다. "원고와 피고는 파업이 철회된 후인 2006년 4월

1일 향후 피고는 업무 정상화를 위하여 노력하고, 원고는 파업 관련 징계 및 민·형사상 책임의 최소화를 위하여 노력하기로 한 사실을 알 수 있으나, 위와 같이 피고의 책임을 제한함에 있어서 위 합의 내용을 고려하는 것은 별론으로 하고, 위 합의가 있었다고 하여 원고의 이 사건 (손해배상 청구의) 소가 신의성실의 원칙에 어긋나거나 권리남용에 해당한다고 볼 수는 없"다고 판단한 것이다.[8]

통상임금 판결에서는 합의가 강행규정을 위반한 경우에도 효력이 있다고 하면서 파업으로 인한 손해배상 사건에서는 '책임의 최소화를 위하여 노력하기로' 한 합의가 손해배상책임의 유무를 인정하는 데에 고려의 대상이 되지 않는다고 하여 통상임금의 경우와는 노사 간 합의를 다르게 적용하고 있다.

같은 쟁의행위에 관한 형사책임에 대해서도 대법원은 철도노조의 파업이 업무방해죄가 된다고 판단했다.[9] 전국철도노동조합과 한국철도공사 간의 단체교섭이 2006년 2월 28일에 최종적으로 결렬되자, 같은 날 오후 9시부로 중앙노동위원회 위원장이 직권중재회부를 결정했다. 그러나 전국철도노동조합 조합원들은 2006년 3월 1일 새벽 1시경부터 같은 달 4일 오후 2시경까지 서울철도차량정비창 등 전국 641개 사업장에 출근하지 않고 업무를 거부하여 한국철도공사의 KTX 열차 329회, 새마을호 열차 283회 운행이 중단되었다. 이같은 집단적인 노무 제공의 거부가 업무방해죄가 되는가가 문제되었다. 다수의견은 업무방해죄가 성립한다고 판단했다.

업무방해죄는 위계 또는 위력으로써 사람의 업무를 방해한 경우에 성립한다.* 이때의 위력이란 사람의 자유의사를 제압·혼란케 할 만한 일체의 세력을 말한다. 그런데 다수의견은 근로자의 파업도 "단순히 근로계약에 따른 노무의 제공을 거부하는 부작위에 그치지 아니하고 이를 넘어서 사용자에게 압력을 가하여 근로자의 주장을 관철하고자 집단적으로 노무 제공을 중단하는 실력행사"에 이를 경우에는 업무방해죄에서 말하는 위력이 된다고 보았다.

그동안의 판결들이 "근로자들이 집단적으로 근로의 제공을 거부하여 사용자의 정상적인 업무운영을 저해하고 손해를 발생하게 한 행위"가 원칙적으로 업무방해죄를 구성한다는 취지로 판시해 온 판례는 부분적이나마 변경되었다고 할 수 있다. 즉, 파업이 원칙적으로 위력에 해당하여 업무방해가 된다는 판단은 변경된 것이다. 그러나 "사용자가 예측할 수 없는 시기에 전격적으로 이루어져 사용자의 사업운영에 심대한 혼란 내지 막대한 손해를 초래하는 등으로 사용자의 사업계속에 관한 자유의사가 제압·혼란될 수 있다고 평가할 수 있는 경우"에는 "단순히 근로계약에 따른 노무의 제공을 거부하는 부작위에 그치지 아니하고 이를 넘어서 사용자에게 압력을 가하여 근로자의 주장을 관철하고자 집단적으로 노무 제공을 중단하는 실력행사"에 해당하여서 여전히 파업 자체가

---

* 형법 제314조 제1항.

ⓒ연합뉴스

2006년 철도노조의 파업과 같은 단순 파업 자체를 업무방해로 판단한다면 이는 곧 헌법에서 보장하는 노동자의 기본권을 박탈하는 것과 다르지 않을 것이다.

위력이 되어 업무방해죄가 성립한다고 했다. 단순히 노무 제공을 거부하는 것만으로도 때에 따라서는 업무방해죄가 성립할 수 있다고 하면서 '예측할 수 없는 시기' '전격적' '심대한 혼란' '막대한 손해' 등의 기준을 새로 도입한 것이다. 노무의 제공을 거부하는 행태는 마찬가지인데 어떤 파업이 단순한 부작위이고, 어떤 파업이 위력이 되는 실력행사인지를 판정할 수 있다는 의미이다. 그러나 이 기준들이 구체적으로 어떻게 적용될 것인지는 여전히 의문이다.

> 이 사건은 비록 전국철도노동조합이 2006년 2월 7일 총파업 일정을 2006년 3월 1일 새벽 1시경으로 미리 결의한 상태였다 하더라도, (…) 위 총파업 결의 이후에도 한국철도공사와 전국철도노동조합 간에 단체교섭이 계속 진행되었고 실제로 단체교섭이 최종적으로 결렬된 직후 직권중재회부결정이 내려진 점까지 감안한다면, 한국철도공사로서는 (…) 이 사건 파업을 강행하리라고는 예측할 수 없었다 할 것이다. 나아가 피고인이 주도하여 전국적으로 이루어진 이 사건 파업의 결과 수백 회에 이르는 열차 운행이 중단되어 총 135억 원 상당의 손해를 야기하는 등 한국철도공사의 사업운영에 예기치 않은 중대한 손해를 끼치는 상황을 초래한 것임을 알 수 있다.

이 사건에서 과연 사용자 측이 파업에 대한 예측을 할 수 없었다고 볼 수 있을까. 그리고 그 파업이 전격적으로 이루어진 것이라고 할 수 있을까. 그래서 정말 심대한 혼란을 초래하기는 한 것일까. 아무런 작위행위도 하지 않는 단순한 노무 제공 거부가 경우에 따라서 위력이 될 수 있다는 해석은 여전히 근로자의 노동3권에 대한 충분한 보호와 거리가 있다.

여기에는 대법관 5명의 반대의견이 있다.

> 파업 등 쟁의행위라 하면 폭행·협박·강요·점거농성 등의 폭력적인 수단이 수반되는 경우를 흔히 떠올리기 쉽다. 그러나 이 사건은 피고인을 비롯한 전국철도노동조합 조합원들이 한국철도공사의 사업장에 출근하지 아니한 사안이다. 따라서 여기서 논의의 대상이 되는 것은 이와 같이 폭력적인 수단이 동원되지 않은 채 단순히 근로자가 사업장에 출근하지 않음으로써 근로 제공을 하지 않는 경우(이른바 소극적 근로 제공의 중단의 경우로서, 이하 '단순 파업'이라고만 줄여 쓴다)이고, 이 점에서 폭력적인 수단이 수반되는 파업의 경우와 혼동되어서는 아니 된다.

반대의견에 따르면, "헌법 제33조 제1항에 의하여 보장되는 단체행동권의 행사로서 이루어지는 근로자들의 파업 등 쟁의행위는 근로관계의 유지 및 향상을 위하여 사용자와 대치하는 상황에서 근로자 스스로를 보호하기 위한 행동이다. 또 이로 인해 발생하는 사용자에 대한 법익 침해는 근로자들의 단체행동권 행사의 위법 여부와 관계없이 그에 따른 필연적인 결과로 예정된 것이다. 이는 계약관계에서 계약의무 위반에 의하여 상대방 당사자에게 손해가 생길 수 있는 것과 다를 바 없다. 쟁의행위로서의 정당성을 갖추지 못한 파업이라 하더라도 그 실질은 근로자단체와 사용자 또는 사용자단체 사이의 집단적 근로관계에서 근로자단체에 요구되는 의무를 불이행한 것에 불과하다." 그러므로 노노법에서 규정하는 처벌 외에도 파업한 근로자들에게 위력에 의한 업무방해죄를 인정하는 것은 근로자들로 하여금 형벌로 집단적 근로제공 자체를 강제하는 것이 될 수도 있다.

다수의견이 단순 파업이 위력에 해당하는지 여부를 판단하는 기준으로 '파업이 사용자가 미처 예측할 수 없는 시기에 전격적으로 이루어져 사용자가 이에 대처할 수 없었다는 사정'과 '그로 인하여 사용자에게 심대한 혼란 내지 막대한 손해가 발생하였다는 사정'을 들고 있는 부분에 대해서도 반대의견은 의문을 제기한다. 과연 어떠한 경우를 파업이 '전격적'으로 이루어졌다고 볼 수 있을 것인지, 어느 범위까지를 '심대한 혼란' 또는 '막대한 손해'로 구분할 수 있을 것인지가 명백하지 않다는 것이다. 다수의견이 쟁의행위로서의 정당성이 없는 경우에는 단순 파업이라 해도 언제나 위력에 해당한다는 종전의 판례를 변경해서 위력의 개념을 어느 정도 제한하여 해석한 것은 진일보한 입장이다. 그러나 다수의견의 해석론에 따른다 할지라도 위력에 의한 업무방해죄의 성립 여부가 문제되는 구체적 사례에서 자의적인 법적용의 우려가 남을 수밖에 없다는 반대의견의 지적도 경청할 만하다.

통상임금 판결의 다수의견이 사용자 측에 중대한 경영상의 어려움을 초래하거나 기업의 존립을 위태롭게 하는 특별한 사정을 예외로 들고 있는 것과, 단순 파업이 업무방해죄가 된다는 판결의 다수의견이 사용자의 사업운영에 심대한 혼란 내지 막대한 손해를 초래하는 경우를 업무방해죄가 적용되는 조건으로 들고 있는 것은 어쩐지 자연스럽게 연결된다. 사용자 측의 입장에서 경제적 효용성이 얼마나 큰지 또는 훼손되는지만 문제될 뿐 근로자의 입장에서 경제적 효용성을 넘는 피해는 문제가 되지 않거나(단체행동권의 행사나 민사상 또는 형사상의 책임문제), 사용자 측의 입장보다 낮게 평가되고 있다(통상임금문제). 사용자 측과 근로자 측을 계약주의의 관점에서 대등한 지위에 놓는다고 하면서 결과적으로 근로기준법이나 노노법을 최대한 친기업적으로 해석한 것이라는 평가에서 자유로울 수 없는 판결들이다.

힘의 원리를 긍정하는 판결이 가져올 결과

알랭 쉬피오는 과거에는 개별국가가 제정한 법률이 담당했던 문제들이 '계약과 협상의 영역'으로 옮겨지고 있다고 말한다. 그러면 서 이러한 사회의 계약화가 단지 "법률에 대한 계약의 승리를 의 미"하는 것일 뿐이라고 생각해서는 안 된다고 지적한다. "법과 계 약 사이의 '이종교배'로 잡종이 형성되고 있다"라고도 한다.[10] 전 문성을 띤 각 관할당국•이 그 관할당국 내에서 계약을 보장하게 되는 것 자체가 문제가 아니라, 그 계약에 담긴 합의라는 힘이 더 이상 법질서의 제약을 받지 않음으로써 새로운 사회질서를 세울 수 있는 힘을 가지게 된다는 것이 문제라는 것이다. 표면적으로 보 이는 것처럼 단지 국가가 가진 강력한 힘이 다양한 관할당국으로 분산되는 것이 아니라, 합의 자체가 '다수의 권력을 결합할 수 있 는' 힘을 가지게 된다는 것이 우려되는 점이다. 합의가 전면에 나 섬으로써 사회적 갈등이 제거된 세계라고 하는 전체주의적 이상향 과 역설적이게도 다시 연결될 수 있다고 지적하기도 한다.[11]

1958년 프랑스 제5공화국의 헌법에서 노동자의 참여 원칙을 규 정한 이래로 노동조합과 사용자단체 간 단체교섭의 영역이 확대되 었다. 쉬피오는 그 확대가 어떻게 의회 입법권의 쇠퇴로 이어졌는

• 여기서는 "유럽연합집행위원회처럼 일정한 지역 전체를 관할하거나, 에너지, 증권, 교통, 방송, 생명공학, 정보통신, 식품안전, 의료, 의약품 등 특정한 활동 분 야에서 계약 질서를 관할하는" 독립적 기구를 뜻한다.(알랭 쉬피오 『법률적 인 간의 탄생』, 박제성·배영란 옮김, 글항아리 2015, 175면)

LA Vᵉ REPUBLIQUE EST NÉE

LE GÉNÉRAL DE GAULLE À LYON :
« SUR LA ROUTE DU RENOUVEAU »
la France a besoin d'hommes de travailleurs, d'efforts »

A Ajaccio : « J'ai pris conscience du nombre immense
de ceux qui croient en la France »
A Marseille : « La France reprend sa place dans le monde
Un esprit nouveau souffle sur le pays »

E N CORSE, à Marseille, à Lyon, le général de Gaulle a reçu un accueil enthousiaste. 30.000 personnes
l'ont acclamé des stations à Ajaccio, 300.000 personnes étaient les journaux espéraient, l'ont acclamé
à Marseille.
Le chef du gouvernement a prononcé trois discours.

LA CONSTITUTION
adoptée par 31 millions de Français
.(sur 36 millions de votants)
a été promulguée

Paris, 5. — La publication de la Constitution au « Journal officiel » a eu lieu ce matin c'est-à-dire sur 23 page
Ce texte est annoncé, au mône de commende, par le seule mention : Constitution (p. 9.151).

Elle a écrit à Ike : « Je suis volontaire
pour le premier voyage vers la lune »

© Le Télégramme

프랑스 제5공화국 헌법이 제정되었음을 알리는 1958년 10월 6일자 프랑스 일간지 『르텔레그람』(*Le Télégramme*)의 1면. 이 헌법에서 규정한 노동자의 참여 원칙을 통해 단체교섭, 즉 노사 간 계약의 힘이 증대되기 시작했다.

지를 분석하고 있다.[12]

쉬피오에 따르면 단체교섭은 법률의 방향을 협의하고, 변형된 입법권을 행사하며, 급기야는 의회의 법률안 수정 권한을 제한하려 하고 의회에 일괄투표를 요구하는 양상으로 나타났다. 의회가 노사 주체에게 노동법의 기본 원칙에 관한 규정을 제정할 권한을 위임하기도 했다. 법률의 시행과정에서도 노동법에 보충법의 역할을 하는 디폴트규정●을 도입함으로써 법률규정에 위배되는 협정을 체결할 수 있는 길을 열어놓는 경우도 있으며, 이에 따라 노동자에게 더 유리한 방향으로만 법을 개정할 수 있도록 정한 불가침적인 최저기준도 유명무실해졌다. 의회가 노사 주체에게 국가의 법률을 기업이나 업계 내의 '규정'으로 대체할 수 있도록 권한을 부여한 것이다.[13]

쉬피오는 그럼에도 개인의 자유가 개별국가의 주권이 약화된 만큼 증대된 것은 아니라고 지적한다. 그 자유는 국가가 아닌 기업과 노동자가 '합의하에 정한 목적에 종속되는 자유'로서 "법과 예속을 멀리하고 어떤 한 질서를 자발적으로 따르도록 하는" 방식으로 작동하기 때문이다. 특히 초국적 대기업은 국가의 제도적 틀에서

• '디폴트'란 대안이 지정되지 않는 한 자동으로 선택되는 옵션을 뜻하며, 여기서의 디폴트규정은 노사가 기본 원칙을 따로 정하지 않은 경우에 적용되는 규정을 말한다.

해방되어 새로운 권력기법을 고안해내고 완성해가며, 대형 미디어 시장을 장악하여 이미지와 사고의 세계에 대한 통제권도 거머쥐었다. 계약관계의 재봉건화 ●는 새로운 형태의 충성서약 관계를 만들어낸다. "말하자면 자유가 계약의 목적에 봉건적 구조로 예속되어 있는 셈이다."[14]

그는 "수치로 잴 수 있는 가치의 협상을 넘어서는 모든 부분을 법이 맡아줄 때에야 비로소 우리가 완전한 자유를 누릴 수 있다"라고 말한다. "법이 분명히 해주어야 할 부분을 계약으로 하여금 정의하게 내버려두면 계약 당사자들은 재산상의 단순한 이해관계를 넘어서는 목적들에 종속"되기 때문이다. 또한 계약은 "스스로 공공선公共善을 정의하는 데 참여함으로써 스스로 '공적인 것'이 된다"라고 한다.[15]

노동3권을 헌법에서 보장하고 근로기준법의 많은 부분을 강행규정으로 정한 우리 법제도하에서도 근로자 측의 노동관련법상의 권리는 제대로 보장되지 못하고 있다. 강행규정인 임금관련 규정을 임금협상에서 수정해버릴 수도 있는가 하면 아무런 적극적인 행위를 않는 채무불이행의 형태인 단순 파업조차도 업무방해죄로

● 쉬피오는 독립적 관할당국의 수가 급격하게 늘어나고 모든 게 계약 일색으로 바뀐 현상을 마치 중세 봉건주의하에서 제후들이 할거했던 모습과 유사하다고 해서 '재봉건화'라고 설명하고 있다.(알랭 쉬피오, 앞의 책 176면)

형사처벌과 손해배상의 대상이 되는 위법행위가 될 수도 있다고 하기 때문이다. 이런 판결들의 근저에 기업 측의 입장에서 해석된 계약우선주의나 효용성의 관점이 놓여 있다는 점은 부인되기 어렵다. 게다가 쉬피오의 우려처럼 그러한 계약 자체가 스스로 공공선을 정의하기까지 해버린다면 헌법 원칙마저도 뿌리째 흔들릴 수 있을 것이다. 종국에는 힘의 원리만이 가치를 가지는, 우리가 간신히 건너온 전前 시대로 다시 돌아가게 되는 것은 아닌지 하는 염려는 기우에 불과한가.

05
'갑'의 자유방임에
책임은 없는가
강원랜드 사건, KIKO 사건

자유주의에 의해 성립된 근대 정치이론 및 실천은 공적 영역과 사적 영역의 구별을 기본으로 하고 있다. 처음에는 공적 영역에만 헌법의 기본권 보호 원칙이 개입할 수 있었고 사적 영역은 계약자유의 원칙이 지배해 국가가 기본권 보호 문제를 들며 개입할 수 없었다. 노동현장에서의 불공정성이나 가정에서 아내와 자녀들에게 휘두르는 가장의 폭력성 등은 모두 자유가 지배하는 사적 영역의 일로 취급되어서 오랫동안 문제로 인식되지 않았다. 사적 영역도 시민사회와 가정의 영역으로 나누어졌는데, 같은 자유의 영역이라 할지라도 시민사회 영역을 지배하는 것은 자유방임주의였고 가정의 영역을 지배하는 것은 프라이버시였다.

프랜시스 올슨은 가정의 영역을 지배하는 프라이버시도 문제가 많으나 시민사회 영역을 지배하는 자유방임주의도 지나치게 개인주의적이라고 말한다. 자유방임주의하에서는 개인의 무분별한 이익 추구가 허용되는 것처럼 받아들여졌다는 것이다.[1] 계약자유의 원칙이 지배하는 영역이라고 해도 그 계약의 이행은 공적으로 담보되어야만 한다. 자유로운 시장이 유지되기 위해서는 질서를 유지할 수 있는 여러 사회적 장치가 필요하다. 그러므로 자유방임주의를 문자 그대로 받아들여서는 안 되는데도 자유가 지배하는 사적 영역이라는 이유로 형식적인 평등이 지나치게 강조되었다는 것이 주장의 핵심이다. 개인의 이익 추구가 무분별하게 받아들여지면 결국 힘이 우월한 측이 유리한 위치에 서게 되는 것은 자연스러운 일이다.

고용의 영역을 예로 들어보자. 인간은 그 자신만이 자기에게 필요한 것이 무엇인지를 판단할 수 있는 존재이기 때문에 피고용자가 스스로 어떠한 노동조건하에서 몇 시간 일하고 싶은가를 결정하는 것이 가능해야 하고, 국가는 이러한 결정에 개입해서는 안 된다는 이론이 받아들여져왔다. 이러한 이론은 고용주와 피고용자가 대등한 관계에서 자유로운 선택을 할 수 있음을 전제하고 있다. 하지만 이런 전제가 현실사회에서는 그대로 작동하지 않는다. 그럼에도 현실적으로 대등하지 않은 관계를 덮어둔 채 계약자유의 원칙을 주장하는 것이 그간 허용되어왔다. 이러한 점에서 법이 우월

한 지위에 있는 쪽에 권력을 주면서도 그 점을 알아채지 못하게 기능한다는 의심을 받아온 것이다.[2]

고용주와 피고용자 사이의 문제는 피고용자의 노동권이 생존권적 기본권으로서 국가가 일정 정도 보장해야 하는 것으로 발전하면서 일반적인 계약자유의 문제와 조금 달라졌다. 그러나 개인들이 일상에서 부딪히는 각종 계약에서는 여전히 계약자유의 원칙에 따른 자기책임의 원리가 지배하고 있다. 즉 시장거래에서는 계층적 상하관계가 아닌 형식적 평등이라는 원칙이 지배하고 있다. 그러나 때로 형식적 평등은 우월적 지위에 있는 쪽을 유리하게 보호하면서도 이를 인식하지 못하도록 하는 효과를 발휘한다.

근대의 정치이론이 공적 영역과 사적 영역을 구별한 것은 결과적으로 시민사회 영역이든 가정 영역이든 구분 없이 모든 사적 영역에 대한 공적 개입을 어렵게 했다. 그중 시민사회 영역에서는 계층적 상하관계가 약화되고 계약자유, 자유방임, 자기책임 등의 원칙이 지배하는 것처럼 보이지만 실제로는 우월적 지위에 있는 사람들에게 권력을 주는 결과가 되었고, 법은 계약자유의 원칙 뒤에서 이를 덮어주는 기능을 여전히 해오고 있다.

과도한 베팅의 책임은 누가 지는가

시장의 영역에서 개인의 자기책임 원칙을 들어 자유방임주의를 새삼스럽게 환기시킨 사례인 강원랜드 카지노의 고객보호책임 관련 사건을 들여다보자. 사건은 국내에서 유일하게 내국인 출입이 가능한 카지노를 개장하여 운영하고 있는 강원랜드가 피고인 사건이다.

이 사건의 원고는 2003년 4월 13일부터 2006년 11월 28일까지 총 333회에 걸쳐 피고의 카지노에 출입하여 회원용 영업장에서 주로 '바카라' 도박게임을 하다가 총 230억 원 가량을 잃었다. 2006년 7월 19일, 원고의 아들 명의로 강원랜드 카지노에 '원고의 카지노 출입을 금지시켜달라'고 하는 요청서가 발송되었다. 그런데 이 요청서를 받은 강원랜드 카지노 직원은 원고에게 출입제한 요청서가 도착했음을 알려주면서, "이 요청서를 반송해주면 애당초 출입제한 요청이 없었던 것이 되어 즉시 카지노 출입이 가능하다"라고 설명했다. 이에 따라 원고는 아들에게 연락해 출입제한 요청서 반송을 요구하도록 했고, 아들과 통화한 담당직원은 출입제한 요청서를 반송한 후 즉시 원고의 카지노 출입을 허용했다. 편법으로 원고의 출입제한을 해제해준 것이다.

게다가 피고 측은 원고가 거액의 게임을 하도록 조장하기도 했다. 강원랜드 카지노 회원영업장 운영내규에 따르면 바카라 게임

ⓒ연합뉴스

개인의 자기책임 원칙과 강원랜드 측의 고객보호의무 중 무엇이 우선인지의 문제는 강원랜드 사건 두 개의
쟁점 모두에서 중요한 기준이 된다.

의 베팅한도액은 1회 최고 1000만 원이다. 그럼에도 이곳 딜러 등 직원들은 원고가 이른바 '병정'(타인의 돈으로 타인을 위해 베팅만 대신해 주는 사람)을 이용해 매회 최고 6000만 원까지 바카라 게임에 베팅 하는 것을 알면서도 묵인했다.

1심과 2심 법원은 원고에 대한 출입제한 요청서가 접수된 이상 피고는 원고에 대한 출입제한 조치를 취했어야 하고, 그 해제는 카 지노 출입관리 지침에 따랐어야 한다고 보았다. 이에 따르면 아들 이 단지 전화로 출입제한 요청을 철회하겠다고 한 것은 효력이 없 다. 그런데도 피고는 원고의 출입제한과 관련한 어떠한 조치도 취 하지 않았으므로 카지노 이용자인 원고에 대한 보호 의무를 위반 한 행위로서 불법행위가 된다고 판단했다.

이 점에 관하여 대법원의 판단은 7 대 6으로 엇갈렸는데, 다수의 견은 개인의 자기책임 원칙을 들어서 피고(강원랜드)의 책임을 부인 했다.[3]

개인은 자신의 자유로운 선택과 결정에 따라 행위하고 그에 따른 결 과를 다른 사람에게 귀속시키거나 전가하지 아니한 채 스스로 이를 감수하여야 한다는 '자기책임의 원칙'이 개인의 법률관계에 대하여 적용되고, 계약을 둘러싼 법률관계에서도 당사자는 자신의 자유로 운 선택과 결정에 따라 계약을 체결한 결과 발생하게 되는 이익이나 손실을 스스로 감수하여야 할 뿐 일방 당사자가 상대방 당사자에게 손실이 발생하지 아니하도록 하는 등 상대방 당사자의 이익을 보호하거나 배려할 일반적인 의무는 부담하지 아니함이 원칙이다.

그 결과 '카지노 이용자의 출입제한을 요청하는 경우'에는 카지노 이용자를 출입제한자 명단에 등록하고 출입을 제한하는 것이 합당하지만, 이 사건에서는 출입제한자 등록 전에 아들이 그 요청을 철회하고 요청서 반송을 요구했으므로 적법한 요청이 있었다고 보기 어렵다고 했다. 따라서 피고는 원고의 카지노 출입을 제한할 의무가 없었다고 판단했다.

반대의견은 국가가 자기책임의 원칙만을 내세워 카지노 이용자를 보호하는 일을 거부해서는 안 된다고 하면서, 도박은 원칙적으로 형사상 처벌이 되는 금지행위인데도 국가가 폐광지역을 살리려는 목적으로 카지노를 조성하도록 허용한 이상 좀더 적극적인 보호책을 써야 한다고 보았다. 그에 따라 출입제한 요청서가 발송되어 접수된 이상 그 철회 역시 문서로 처리되어야 하고, 전화로 철회하겠다는 의사를 밝힌 것만으로는 철회의 효과가 없다는 원심의 결론을 지지했다. 카지노 사업장 직원들이 고의 또는 과실로 원고에 대한 출입제한 조치를 취하지 않아 원고가 카지노를 이용함으로써 재산상 손해를 입었으므로 사용자인 카지노 사업자는 이를 배상할 책임이 있다는 것이다.

이 점에 관한 의견 차이는 결국 아들이 전화로 출입제한 요청을 철회한 것의 효력에 대한 해석에서 나왔다. 다수의견은 출입제한 절차 및 효과, 제한기간, 출입제한 해제 방법 등은 피고 스스로가 정한 지침에 따라 운영되어오던 것이므로 이를 위반했다고 하여 피고에게 그 책임을 물을 수 없다고 했고, 반대의견은 카지노 사업자에게 부여된 고객보호의무의 관점에서 보더라도 출입제한제도와 그 철회에 대한 해석을 엄격하게 할 필요가 있다고 보았다.

한편 원고는 자신이 '병정'을 이용하여 거액의 게임을 하도록 피고가 조장함으로써 운영내규를 위반했다고 주장했다. 회원영업장 운영내규에 따르면 바카라 게임의 베팅한도액은 1회 최고 1000만 원인데도 피고의 딜러 등 직원들은 원고가 바카라 게임을 하면서 이른바 '병정'들을 이용하여 매회 최고 6000만 원까지 베팅을 하는 행위를 알면서도 이를 묵인하여 베팅한도액 제한규정을 위반했고, 이는 카지노 이용자에 대한 불법행위가 된다는 것이다.

이에 대해 피고는 베팅한도액 제한규정의 목적은 베팅금액에 지나친 편차가 발생하지 않도록 함으로써 게임이 원활하게 진행되도록 하는 데 있는 것이지 카지노 이용자 개인의 이익을 보호하기 위한 규정이 아니므로, 이를 위반했다고 하더라도 이용자 개인에 대한 위법행위가 되는 것은 아니라고 주장했다.

1심과 2심은 피고가 베팅의 최고한도액을 정하여 그 범위 내에서 영업을 할 의무가 있고, 그 의무 위반은 영업정지 등 행정적 제재의 대상이 됨과 동시에 카지노 이용자 보호의무 위반의 불법행위를 구성하게 되며, 그로 인한 고객의 손해를 배상할 책임이 있다고 판단했다.

이 점에 대하여 대법원에서는 11 대 2로 의견이 갈렸는데, 다수의견은 카지노 사업자의 영업제한규정은 일반 공중의 사행심 유발을 방지하기 위한 규정일 뿐 더 나아가 카지노 이용자 개개인의 재산상 손실을 방지하기 위한 규정이라고 보기는 어렵다고 했다. 따라서 피고 소속 직원들이 베팅한도액 제한규정을 위반했더라도 피고가 영업정지 등 행정적 제재를 받는 것은 별론으로 하고 그러한 사정만으로 원고에 대한 보호의무를 위반하여 불법행위가 성립한다고 할 수는 없다는 것이다.

반대의견은 베팅한도액 제한규정은 카지노의 사회적 폐해를 억제하기 위한 공익보호규정인 동시에 구체적인 카지노 게임에서 카지노 이용자의 과도한 재산손실을 방지하기 위한 최소한의 안전장치로서 카지노 이용자 개인의 재산상 이익을 보호하기 위해서도 반드시 지켜져야 할 규정이라고 보았다. 피고 소속 직원들은 원고가 수년간 피고의 회원용 영업장 예약실에서 이른바 '병정'을 동원하여 대리 베팅을 함으로써 피고가 정한 베팅한도액을 초과하는 바카라 게임을 하고 있다는 것을 잘 알고 있었음에도 피고의 영업이익을 위하여 이를 묵인하고 허용했기 때문에, 피고 소속 직원들의 위와 같은 행위는 베팅한도액 제한에 관한 규정을 위반한 행위이고, 이는 카지노 이용자인 원고에 대한 보호의무 위반행위로서 불법행위가 성립한다고 판단했다.

이 판결을 눈여겨볼 필요가 있는 이유는 단지 전화를 통해 이루어진 출입제한 요청 철회가 효력이 있는가, 또 버젓이 '병정'을 사용하여 베팅한도액 제한규정을 위반하는데도 게임을 계속 진행한 것에 대한 책임이 누구에게 있는가의 문제를 판단한 것에 있지 않다. 그보다는 대법원의 판결이 자기책임의 원칙을 내세워 카지노 이용자보다 사업자를 보호한 결과를 가져온 데 있다. 자기책임의 원칙을 들어 우월적 지위에 있는 한쪽 당사자와 다른 쪽 당사자를 대등하게 봄으로써 결과적으로 우월적 지위에 있는 쪽의 손을 들어주는 데 기여한 다수의견의 방향성을 살펴볼 필요가 있다.

우월한 쪽의 손을 들어주는 판결

강원랜드 사건 판결에서 드러나는 다수의견의 방향성은 주식투자와 관련한 손해배상을 엄격하게 판단해온 그동안의 대법원 판결들과 KIKO 통화옵션 계약 사건에서 보여준 대법원의 판결들에서 어느 정도 예측되는 것이기도 하다.

대법원은 그동안 증권사의 영업부장 등에게 증권 투자를 위탁하고 이익과 손실을 분배하기로 약정한 경우 이익이나 손실을 분배하는 약정 자체는 증권거래법상 무효라고 했다. 그러면서도 증권회사 영업부장의 투자 권유 행위가 "경험이 부족한 일반 투자가에게 거래행위에 필연적으로 수반되는 위험성에 관한 올바른 인식형성을 방해하거나 또는 고객의 투자상황에 비추어 과대한 위험성을 수반하는 거래를 적극적으로 권유"하여서 고객에 대한 보호의무를 저버린 경우가 아니라면 증권회사에 대한 손해배상 의무를 인정하지 않았다.[4]

대법원은 KIKO • 통화옵션계약의 경우에도 유사한 입장을 보였다. 기업 측이 환율이 하락할 것이라고 예상하고 환차익을 얻으려는 목적으로 은행과 통화옵션계약을 체결하면서 장차 취득할 현물환 유입액을 훨씬 초과하여 단기간에 고위험 구조의 통화옵션 계약을 체결한 경우에도, 은행 측에는 장차 유입될 달러 유입액 규모나 그 형태에 비추어 지나친 규모의 계약이라고 하여 기업 측을 만류할 의무가 없다고 했다.[5]

KIKO 통화옵션계약상품은 2005년 이후 원화가 강세여서 환율이 계속 하락하는 시기에 만들어졌다. 원·달러 환율의 하락 추세로인해 국내 수출기업들이 수출로 보유하게 된 외화를 팔면서 많은 손해를 감수할 수밖에 없게 되자 시장에서 형성되는 선물환율보다 높은 환율로 외화를 팔 수 있는 상품에 대한 수요가 생겼다. 이에

• 'Knock In, Knock Out'의 약어로, 환율이 일정한 범위에서 변동할 경우에 미리 정한 환율에 따른 금액을 받고 팔 수 있도록 한 파생금융상품을 뜻한다.

따라 금융기관이 단순 통화옵션이나 통화선도 거래에 녹아웃knock-out ●, 녹인knock-in ●●, 레버리지leverage ●●● 등 조건을 부가하는 방식으로 행사환율을 높인 통화옵션계약 상품을 만들어서 자신들의 고객인 수출기업들에 가입을 권유하게 되었다.

KIKO계약을 체결하게 되면 기업의 입장에서는 단순선물환의 환율보다 높은 행사환율로 외환을 팔 수 있는 이익이 있으나, 시장환율이 녹아웃 환율 아래로 내려오면 기업이 가진 풋옵션이 소멸하므로 환헤지換hedge ●●●●의 기능이 없게 된다. 시장환율이 녹인 환율 이상으로 올라가는 경우에는 콜옵션 계약금액 상당의 외화를 시장환율보다 낮은 행사환율에 매도해야 하므로 그만큼 위험을 감수해야 한다. 2배의 레버리지 조건이 있으면 그 위험은 2배가 된다.

- 옵션의 기초자산 가격이 처음에 설정한 가격에 도달했을 때 그 효력이 소멸하는 옵션. 여기서는 관찰기간 중 녹아웃 환율 이하로 1회라도 하락하면 기업이 미리 정한 가격으로 외환을 팔 수 있는 권리인 풋옵션이 없어지는 조건을 뜻한다.
- ●● 옵션의 기초자산 가격이 처음에 설정한 가격에 도달했을 때 그 효력이 유효해지는 옵션. 여기서는 관찰기간 중 녹인 환율 이상으로 1회라도 상승하고 만기환율이 행사환율 이상이면 은행이 미리 정한 가격으로 외환을 살 수 있는 권리인 콜옵션을 행사할 수 있는 조건을 뜻한다.
- ●●● 매도배수. 일반적으로 풋옵션 계약금액보다 콜옵션 계약금액을 일정 비율 크게 한다.
- ●●●● 외화로 이루어지는 거래에서 환율 변동으로 생기는 손해를 방지하기 위해 환율을 미리 고정하는 것을 말한다.

따라서 장래 환율이 주로 녹아웃 환율과 녹인 환율 사이의 박스권에서 변동할 것으로 예상하는 기업에게는 KIKO 계약이 현실적으로 비용이 들지 않으면서도 단순선물환보다 높은 행사환율을 보장해주는 것이어서 효과적인 환헤지 수단이 될 수 있다. 그러나 환율이 예상과 달리 움직일 때에는 환헤지가 안 되거나(녹아웃 조건 성취 시) 기대이익을 상실할 뿐 아니라 손해도 크게 입는(녹인 조건 성취시) 결과를 가져올 수 있다.

KIKO 계약이 많이 체결된 2007년부터 2008년까지 사이에는 연구소와 금융기관 대부분이 향후 환율에 대해 점진적 하락, 즉 원화 강세를 예상했고 상승을 예상한 곳은 거의 없었다. 이러한 당시의 환율 전망을 배경으로 은행들은 KIKO 계약을 자신의 고객인 기업들에게 권유했고 기업들도 이에 응했다. 대부분의 은행과 기업들은 당시까지의 수출실적 등을 바탕으로 향후 기업에 유입될 것으로 예상되는 수출금액 범위 내에서 콜옵션 계약금액을 맞춰 KIKO 계약을 체결했으나, 일부 기업은 예상 수출금액을 초과하여 KIKO 계약을 체결하기도 했다.

그런데 2008년 갑자기 닥친 금융위기로 인해 환율이 급상승하여 대부분의 관찰기간●에서 은행이 콜옵션을 행사할 수 있게 되었다. 반면 KIKO 계약을 체결한 많은 기업들의 통화옵션 거래금액은 금

● 녹아웃 조건이나 녹인 조건의 성취 여부를 판단하는 단위기간을 말한다.

융위기로 인한 수출 부진과 겹쳐 기업이 수령할 달러금액을 초과하여 결과적으로 이른바 '오버헤지', 즉 환헤지를 넘어서 그 이상의 이익을 목적으로 계약을 하는 경우처럼 되었다. 매수인인 중소기업들은 감당하기 어려운 과도한 계약상 지급의무를 부담하게 되었고, 피해를 입은 다수의 중소기업들이 KIKO계약상 지급채무를 면하거나 이미 지급한 금액을 반환받기 위하여 법원에 대량으로 민사소송을 제기했다.

2010년 11월 서울중앙지방법원에서 118개 기업이 은행을 상대로 제기한 소송에 대하여 99개 기업의 패소판결과 19개 기업의 청구가 일부 인용되는 판결이 선고되었다. 2심 법원인 서울고등법원에서도 1심 판결과 동일하게 판단하여 기업 측인 원고의 항소를 전부 기각했다.

2013년 9월 26일에는 대법원이 4건의 사건에 대하여 전원합의체 판결을 선고했다.[6] 대법원은 KIKO상품의 헤지 부적합성, 불공정행위, 약관성, 사기 또는 착오로 인한 취소 등 원고인 기업 측이 주장한 KIKO계약의 무효 또는 취소 사유를 모두 인정하지 않았다. 다만 구조화된 장외파생상품으로서 높은 적합성 원칙●과 설명의무

● 금융기관이 고객과 금융거래를 할 경우 그 고객의 목적, 재산상황, 경험 등에 비추어 적합하게 투자를 권유 혹은 그 고객에 적합하지 않은 상품을 권유하지 않아야 한다는 원칙을 말한다.

를 매도인인 은행이 부담한다고 보았다. 그 위반여부는 사실관계에 따라 달라질 수 있었다.

대법원 판결은 먼저 은행의 일반적인 고객보호의무를 인정하고 있다. "은행은 환헤지 목적을 가진 기업과 통화옵션계약을 체결함에 있어서 해당 기업의 예상 외화유입액, 자산 및 매출 규모를 포함한 재산상태, 환헤지의 필요 여부, 거래 목적, 거래 경험, 당해 계약에 대한 지식 또는 이해의 정도, 다른 환헤지 계약 체결 여부 등 경영상황을 미리 파악한 다음, 그에 비추어 해당 기업에 적합하지 아니하다고 인정되는 종류의 상품 또는 그러한 특성이 있는 통화옵션계약의 체결을 권유해서는 아니 된다"는 것이다. 그러면서 "은행이 그러한 의무를 위반하여 해당 기업의 경영상황에 비추어 과대한 위험성을 초래하는 통화옵션계약을 적극적으로 권유하여 이를 체결하게 한 때에는, 이러한 권유행위는 이른바 적합성의 원칙을 위반하여 고객에 대한 보호의무를 저버리는 위법한 것으로서 불법행위를 구성한다"라고까지 보고 있다.

특히 장외파생상품에 대해서는 더 무거운 고객보호의무를 인정한다. "장외파생상품은 고도의 금융공학적 지식을 활용하여 개발된 것으로 예측과 다른 상황이 발생할 경우에는 손실이 과도하게 확대될 위험성이 내재되어 있고, 다른 한편 은행은 그 인가요건, 업무범위, 지배구조 및 감독 체계 등 여러 면에서 투자를 전문으로 하는 금융기관 등에 비해 더 큰 공신력을 가지고 있어 은행의 권유

©연합뉴스

2010년 당시 KIKO계약으로 피해를 봤던 수많은 중소기업은 각자의 억울함을 호소하며 대책을 촉구했다. 이역시 자기책임 원칙과 고객보호의무의 무게를 놓고 저울질해야만 하는 사건이었다.

는 기업의 의사결정에 강한 영향을 미칠 수 있으므로, 은행이 위와 같이 위험성이 큰 장외파생상품의 거래를 권유할 때에는 다른 금융기관에 비해 더 무거운 고객보호의무를 부담한다"는 것이다.

그러나 "은행 등 금융기관과 금융상품 거래를 하는 고객은 그 거래를 통하여 기대할 수 있는 이익과 부담하게 될 위험 등을 스스로 판단하여 궁극적으로 자기의 책임으로, 그 거래를 할 것인지 여부 및 거래의 내용 등을 결정하여야 하고, 이러한 자기책임의 원칙은 장외파생상품 거래와 같이 복잡하고 위험성이 높은 거래라고 하여 근본적으로 달라지는 것이 아니다"라고 했다. 자기책임의 원칙을 적용하는 데 있어서 일반적인 금융상품인지 위험성이 더 높은 금융상품인지를 구별하고 있지는 않은 것 같다.

또 "금융기관이 고객에게 그 계약에 내재된 위험성 등을 충분히 고지하여 인식하게 한 이상 그러한 목적의 계약 체결을 저지하거나 거부하지 않았다고 하여 곧 적합성의 원칙을 위반하고 고객보호의무를 다하지 아니한 것이라고 단정할 수는 없다. 이는 은행이 다른 금융기관에 비해 더 큰 공신력을 가지고 있다는 점을 고려하더라도 마찬가지이다."라고 해서 궁극적으로는 위험성이 있는 거래라는 것을 충분히 고지함으로써 은행은 책임을 면한다고 판단하고 있다.

고도의 금융공학적 지식을 활용하여 직접 개발한 상품을 팔면서 고객에게 위험한 상품이라는 점을 충분히 고지하기만 하면 된다,

어느 정도의 고지가 충분한 것인가는 '위험성을 충분히 인식하게 하는 것'이 기준이며 '저지하거나 거부'하는 단계까지 갈 필요는 없다는 것 정도가 대법원의 태도이다. 이 사건에 대한 다음 판결문에서도 드러나는 대목이다.

> 원고는 종전의 거래경험 및 피고의 설명 등에 의하여 과도한 오버헤지 상태가 되는 통화옵션계약을 체결할 경우 거기에서 초래될 수 있는 위험성을 충분히 인식하고 있었던 것으로 보인다. 그러므로 피고가 원고와 이 사건 각 통화옵션계약을 체결한 것을 두고, 환헤지 목적으로 계약을 체결하려는 고객에 대하여 거기에 내재된 과도한 위험성을 외면하고 그 목적에 맞지 않는 장외파생상품 거래를 적극적으로 권유한 경우에 해당한다고 할 수는 없다 할 것이다. 또한 위와 같은 상황에서 원고가 스스로 선택하여 결정한 이 사건 각 통화옵션계약의 체결을 피고가 끝까지 저지하거나 거부하지 아니하였다고 하여 적합성의 원칙을 위반하고 고객보호의무를 다하지 아니한 것이라고 볼 수도 없다. 이는 피고가 투자 목적의 금융기관이 아닌 시중은행이라는 점을 감안하더라도 마찬가지이다.

대법원은 '금융기관이 장외파생상품에 대해 더욱 무거운 고객보호의무를 부담한다'는 대법원의 원칙을 전제로 충분한 고객보호의무를 다했는지를 먼저 판단하여야 했다. 그런데 그 부분은 '종전의 거래경험 및 피고의 설명'으로 고객이 위험한 투자 내지는 투기라는 것을 충분히 인식했는지가 판단기준이 되었다. 위험한 새 상품을 출시하면서 객관적인 고객보호의무를 다했는지는 고객의 주관적인 인식으로 판단한다는 것이다. 금융기관이 지켜야 할 객관적 기준을 자기책임의 원칙을 매개로 하여 고객의 주관적 인식과 동일하게 만들어버린 것은 법률적 판단으로서 충분하지 않다. 대체로 이런 경우 어느 한쪽 계약자에게 불법행위가 있는지(채무불이행도 마찬가지이지만), 그 불법행위에 고의, 과실이 있는지를 따진 다음, 다른 한쪽의 계약자에게도 고의나 과실이 있다면 계약자의 책임이 면제되거나 경감되는지를 따진다. 그런데 이 사건에서는 어느 한쪽 계약자의 불법행위 여부를 다른 한쪽 계약자의 주관적인 인식 여부로 뭉뚱그려 판단했다. 어딘지 단계가 생략된 느낌이다. 금융위기로 인하여 의도하지 않은 오버헤지가 발생한 점에 대해서도 고객이 모든 위험을 인수하는 것으로 되는 결과가 되어버리므로 그 부분 역시 타당하다고 보기 어렵다. 고객이 스스로 위험한 투자라는 것을 알았다면 그 이후의 책임은 모두 고객에게 있을 뿐이라는 결론인 셈이다. 자기책임의 원칙이 위력을 발휘한 결과이다.

자유방임주의란 국가의 개입을 최소화함으로써 개인에게 자유와 책임을 부여하는 것으로, 대법원은 시민사회 영역에서 이 원칙을 고수하고 있다. 그러나 자유방임주의, 계약자유의 원칙, 자기책임의 원칙이 카지노 혹은 위험군의 파생상품을 만들어서 운영하는 은행과 같이 우월적 지위에 있는 쪽에 권력을 부여하는 수단으로 전락할 우려는 없는 것일까.

쉬피오는 현대로 오면서 점차 계약에서 '특정 재화 간의 교환'과 '대등한 쌍방 간의 결연'의 영역에 '충성allégeance'의 영역이 더해졌다고 설명한다. "충성의 영역이 더해짐에 따라 한쪽은 다른 한쪽의 권력이 행사되는 반경 안에 자리하게 된다." 이는 구체적으로 의존식 계약이나 통제식 계약*의 형태로 나타난다. 이 중 의존식 계약은 자유와 평등의 원칙이 침해되지 않으면서도 구성원들을 다른 법인격의 이해관계에 예속시키는 방식의 계약이다. 자유와 책임을 빼앗지 않은 채로 사람들을 복종시키는, 즉 충성이 작동하는 새로운 변종 계약인 것이다.[7] 강원랜드 사건이나 KIKO 사건이 이런 충성의 영역에 놓여 있는 사건은 아닐까. 개인들은 자기책임하에 계약을 한다고 생각하지만 실제로는 거대구조 속에서 주어진 선택지만을 가지고 게임을 하는 것이기 때문이다. 이럴 경우 문자 그대로의 자기책임의 원칙을 관철하는 것으로 법률은 과연 그 사명을 다하는 것일까. 생각해볼 문제다.

---

* 공적 행위가 계약이라는 방식을 통해 이루어지는 현상을 말한다.

06

과거사 청산을 위한
최소한의 움직임

조봉암 사건 재심,
인혁당 손해배상 사건

과거사 청산이라는 문제를 겪은 나라는 독일, 프랑스, 스페인, 러시아, 아르헨티나, 칠레, 남아공, 알제리 등 여럿 있다. 독일의 경우는 나치즘, 프랑스는 나치독일의 침략, 스페인은 프랑코의 통치, 러시아는 스탈린의 독재, 아르헨티나와 칠레는 군부 독재, 남아공은 흑백 인종차별주의, 알제리는 프랑스의 식민지배의 역사적 경험이 과거사 청산의 과제가 되었다. 그러나 어느 나라든지 그 청산과정이 사법부의 주도로 이루어진 경우는 없었고, 입법부의 특별법을 필요로 했다.

독일의 경우를 보면 연합국 군정당국에 의한 뉘른베르크 전범재판과 탈나치화라는 정치적 숙청이 진행되던 중 1949년 9월에 서

독 정부가 공식적으로 출범하자 과거사 청산은 흐지부지되었고, 1949년 말과 1954년 두 차례에 걸친 사면법으로 '재나치화'라는 말이 나올 정도로 나치에 부역했던 관료들과 직업군인들이 복귀하기 시작했다.

그러다 1956년 소련에 억류되어 있던 독일군 포로 약 1만 5000명이 귀환하면서 사면법의 혜택을 부여하는 문제가 다시 대두했고, 홀로코스트 집행자의 뒤늦은 체포로 그 처벌의 문제가 다시 수면 위로 떠올랐다. 마침 1961년 예루살렘에서 열린 아돌프 아이히만의 재판이 세계적인 반향을 불러일으켰고 1963년에는 아우슈비츠 수용소 관계자들에 대한 재판이 열렸다. 그러나 그 재판들은 1965년 5월 8일이면 그 시효가 소멸될 예정이었다. 결국 1969년 의회에서 대량학살에 관해서는 시효를 아예 폐지하기로 함으로써 이 문제를 해결했다.

나치체제하에서 저질러진 독일인에 대한 인권침해 행위로 인한 배상은 1956년의 연방배상법 등 특별법을 제정하여 해결했다. 그리고 1969년의 회계연도 만료시점까지 승인 또는 확정된 동법同法상의 배상청구권은 그 확정 즉시 이행기에 있는 것으로 정하는 한편(따라서 그때로부터 이자가 발생한다), 1969년의 회계연도 만료시점까지 확정되지 않은 배상청구권과 1969년 1월 1일 이후에 비로소 주장된 배상청구권에 대해서는 일률적으로 1970년 1월 1일 이후부터 이자를 가산하는 것으로 규정했다. 또한 민간 외국인 노동자에 대

해서는 2000년 독일정부와 기업이 공동으로 기금을 출연하여 재단을 설치하고 배상을 시작했다.[1]

가장 모범적인 사례의 하나로 꼽히는 남아공의 경우도 과거사 청산은 1995년 국민통합 및 화해 증진법이 제정되고 이에 근거하여 진실과 화해 위원회가 설치되어 사면과 보상 문제를 조사하면서 시작되었다. 진실과 화해 위원회 활동에서 가장 핵심적인 부분은 진상규명은 철저히 하되 스스로 나서서 사실을 털어놓은 가해자에 대해서는 처벌이 아닌 사면을 제공하고 민사적 책임까지 면제해주기로 결정한 점이다. "과거정권에서 저질러진 불법행위를 밝히는 동시에 정권을 안정되게 유지하기 위해서는 불가피한 선택이었다"라고 한다.[2]

그러나 피해자나 그 가족들은 가해자에 대한 사면을 받아들일 수 없었다. 결국 '국민통합 및 화해 증진법은 위헌'이라는 결정을 해달라는 청구가 남아공의 헌법재판소에 제기되었다. 남아공의 헌법재판소는 "새 헌법에 따라 치러진 선거결과는 의회에 광범위한 개념의 '배상'을 포함한 '사회 재건'을 장려토록 했다"고 보았다. 그에 따라 "대안의 선택은 의회의 결정에 따라 합법적으로 이루어졌"으며, 이에 따라서 선택된 대안, 즉 사면과 책임 면제를 실행하는 것이 그 합헌성에 영향을 주지 않는다고 판단하여 위헌이라는 주장을 받아들이지 않았다.[3]

이런 사례들은 과거사 문제를 불러일으킨 것은 기존의 가치인

ⒸRaymond D'Addario

ⒸBenny Gool

과거사 청산은 비단 우리나라뿐 아니라 세계 어디에서나 복잡한 사정과 문제가 얽혀 있는 쟁점이다. 뉘른베르크 전범 재판 당시(위)와 남아공 진실과 화해 위원회 활동 모습(아래).

데, 그것을 변화시키지 않은 채 과거사 청산의 문제를 해결하려고 하면 한계에 부딪힐 수밖에 없으므로 새로운 방식을 모색할 필요가 있음을 잘 보여준다.

과거사 청산의 세 가지 길

우리나라에서도 1987년 6·29 선언과 문민정부를 거치면서 과거사 청산의 문제가 본격적으로 제기되었다. 그러나 일제강점기 이래 숫자로 표시된 각 공화국마다 쌓인 과거사를 한 번도 제대로 문제 삼지 못하고 넘어온 시간이 긴 탓에 어디까지 어떤 방식으로 과거사를 청산할 것인지 막연한 형편이었다. 그런 와중에도 5·18 민주화운동 관련자 보상 등에 관한 법률, 거창사건 등 관련자의 명예회복에 관한 특별조치법, 제주 4·3사건 진상규명 및 희생자 명예회복에 관한 특별법, 의문사 진상규명에 관한 특별법 등 개별사건별로 특별법을 제정하여 과거사의 진상규명과 보상을 모색하는 방법과 진실·화해를 위한 과거사정리기본법의 제정으로 포괄적인 과거사 청산을 하는 방식이 함께 진행되었다.

굴곡 많은 현대사를 함께해온 사법부 역시 산적한 과거사 청산에서 자유롭지 못한 것은 당연한 일이다. 2005년 이용훈 대법원장이 취임하면서 사법부의 과거사 청산에 대한 문제가 제기되기 시작했다. 사법부는 과거사 청산에서 이중적인 지위에 놓여 있었다. 그동안 해왔던 판결들을 포함한 사법부 자체의 과거사를 어떻게 정리할 것인지의 문제와 더불어 국가기관 전체의 과거사 문제에 대한 형사 재심과 민사적 배상 및 보상의 문제를 어떻게 처리할 것인지의 문제에도 직면한 것이다.

이용훈 대법원장은 2005년 9월 취임사에서 "독재와 권위주의 시대를 지나면서 사법부는 정치권력으로부터 독립을 제대로 지켜내지 못하고 인권보장의 최후 보루로서의 소임을 다하지 못한 불행한 과거를 가지고 있다"라고 하면서 권위주의 시대에 국민 위에 군림하던 그릇된 유산을 깨끗이 청산해야 한다고 말했다.

이용훈 대법원장은 "과거사 정리 방법을 크게 세 가지로 보았다. 우선은 재심을 통하는 방법이고, 두 번째는 법원 내에서 인적 청산을 하는 방법, 세 번째는 과거사위원회 같은 기구를 만들어 조사하는 방법이었다". 이중에서도 "사법권의 독립이나 법적안정성 같은 다른 헌법적 가치와 균형을 맞추려면 재심 절차를 통해 판결을 바로잡는 길밖에 없다"고 여겼다. 그렇기에 그는 사법부 자체의 과거사 중 그동안 선고했던 형사판결에 재심사유가 있으면 재심을 받아들여서 새로 재판하는 것에 집중하기로 했다. 나머지 문제들은 법원이 할 수 있는 '가장 원칙적이고 효과적인 방법'이 아니라는 것이었다.[4]

이용훈 대법원장이 언급한 세 가지 방법 중 법원 내의 인적 청산

문제는 2007년 1월 진실화해위원회가 유신시절 긴급조치 판결에 참여한 판사 492명의 실명을 공개한 데 대하여 '방식의 적절성 여부를 떠나 우리 사법부의 과거를 되새기는 계기로 삼고자 한다'고 언급한 공보관실의 보도자료 수준으로 정리되었다. 그동안 사법부가 해왔던 판결 전반에 대한 반성은 2009년 말 사법부가 『역사 속의 사법부』를 펴내면서 주요 시국사건들을 간단히 언급하는 것으로 그쳐버렸다. 과거사위원회 같은 기구를 만드는 것은 처음부터 논의되지도 않았다. 과거사 정리에 대한 이용훈 대법원장의 의지가 철저하지 못했다든지[5] 과거사 청산 작업에 대한 일말의 기대가 산산이 깨졌다는 비판이 있을 정도로 용두사미에 그쳐버린 것이다.[6]

  결국 개별 형사판결에 대한 재심의 형식만이 남게 되었다. 대법원은 2010년 12월 16일, 대통령 긴급조치 위반 등으로 형사처벌을 받은 오종상 씨 재심사건에서 긴급조치는 현행 헌법뿐 아니라 당시 시행되던 유신헌법에도 위반되는 무효로서 오종상 씨의 긴급조치 위반의 점은 무죄라고 선고했다. 간첩죄, 국가보안법 위반 및 무기불법소지 등으로 사형선고를 받고 처형된 조봉암 사건에 대해서도 2010년 10월 29일에 재심이 받아들여져서 2011년 1월 20일 간첩죄와 국가보안법 위반죄는 무죄, 무기불법소지죄에 대해서는 형의 선고를 유예하는 판결이 선고되었다.[7]

  그러나 '사법권의 독립이나 법적안정성 같은 다른 헌법적 가치와 균형을 맞추'기 위해 선택된 이러한 재심절차를 진정한 과거사 청산으로 볼 수 있을 것인가는 의문이다. 재심은 형사소송법에 명시해놓은 재심의 사유에 해당해야만 개시된다. 재심 청구가 있어서 이를 심리했더니 타당한 사유가 있다고 판단되었고, 그에 따라 재심 판결을 한 것인 이상 당연한 판결을 당연히 한 것뿐이라고 볼 여지가 있다. 예를 들어 조봉암 사건의 재심은 '원래의 사건에 관여했던 사법경찰관 등이 그 직무와 관련해 죄를 범한 것이 판결로 증명되거나, 공소시효의 완성 등으로 판결을 얻을 수 없는 때'에 해당해야 한다는 재심사유에 따라 개시되었다.[8] 육군 특무부대 수사관이 민간인인 조봉암 등을 수사할 권한이 없는데도 수사한 것이 직권남용죄가 되므로 재심사유인 '원래의 사건에 관여했던 사법경찰관 등이 그 직무에 관하여 죄를 범한 것'이 된다는 것이다. 그렇다면 이는 재심의 법리를 새롭게 확장한 것도 아니고 과거 대법원의 판결에 대해 반성한 것으로 보기도 어렵다. 다만 판결의 마지막 부분에서 재심 판결의 역사적인 위치를 언급하고 있는 것이 좀 특별했을 뿐이다.

피고인은 일제강점기하에서 독립운동가로서 조국의 독립을 위하여 투쟁하였고, 광복 이후 조선공산당을 탈당하고 대한민국 건국에 참여하여 제헌국회의 국회의원, 제2대 국회의원과 국회 부의장 등을 역임하였으며, 1952년과 1956년 제2, 3대 대통령선거에 출마하기도

ⓒ연합뉴스

재심 판결에 참석한 조봉암 선생의 장녀 조호정 여사가 재판을 지켜보고 있다. 조봉암 선생에 대한 재심 판결은 개시의 사유가 당연했던 만큼 그 결과도 당연한 것이었다.

하였다. 또한, 피고인은 초대 농림부장관으로 재직하면서 농지개혁
의 기틀을 마련하여 우리나라 경제체제의 기반을 다진 정치인이었
다. 그런데 그후 진보당 창당과 관련한 이 사건 재심대상판결로 사형
이 집행되기에 이르렀는바, 이 사건 재심에서 피고인에 대한 공소사
실 대부분이 무죄로 밝혀졌으므로 이제 뒤늦게나마 재심판결로써
그 잘못을 바로잡고, 무기불법소지의 점에 대하여는 형의 선고를 유
예하기로 한다.[9]

독재와 권위주의 시절을 거치면서 재심에 대한 기대도 가질 수
없던 것을 상기해볼 때 현실적으로는 이제라도 재심 개시 결정을
한 것에 큰 의미를 부여할 수 있다. 그러나 그 재심은 진실화해위
원회의 권고에 따라 유족들이 청구한 재심이었으며, 법논리적으로
는 형사소송법에 재심사유가 정해져 있고 그에 해당하여서 개시된
재심이었을 뿐이다. 냉정하게 말하자면 '사법권의 독립'이나 '법
적안정성'이라는 기존의 가치에 반하지 않는 선에서만 이루어진
결정이라고 볼 수 있다. 이용훈 대법원장이 언급했던 '고수해야 할
가치'가 과거사 청산이라는 과제에 어쩔 수 없는 한계선을 긋게 한
것이다.

지연된 배상을 어떻게 산정할 것인가

과거사 청산에서의 한계는 민사소송에서 더 뚜렷이 드러났다. 지연손해금의 문제에서다. 사법부의 과거사 청산은 형사소송뿐 아니라 민사적 배상 문제에서도 여전히 이루어졌다고 보기 어렵다. 민사적 배상은 잘못된 판결로 인한 손해배상 문제를 포함해 과거 정부의 불법행위에 대한 각종 손해배상 사건의 처리 문제를 말한다.

불법행위로 인한 손해는 재산에 대한 손해와 재산 이외의 법익에 대한 손해로 나눌 수 있다. 민법 제751조는 "타인의 신체, 자유 또는 명예를 해하거나 기타 정신상 고통을 가한 자는 재산 이외의 손해에 대하여도 배상할 책임이 있다"라고 규정하고 있으며, 제752조는 '생명침해로 인한 위자료'라는 표제하에 가해자는 사망피해자의 친족에 대하여 "재산상의 손해가 없는 경우에도 손해배상 책임이 있다"라고 규정하고 있다. 대법원은 정신상의 고통으로 인한 손해는 금전으로 계량할 수 없는 것이지만 법원이 모든 사정을 참작하여 손해배상 수준을 정할 수 있다고 해왔다.

그동안 불법행위로 인한 재산손해의 배상액 산정의 기준시時, 즉 배상할 재산의 가격을 어느 시점을 기준으로 정할 것인가 하는 문제에 관하여 사실심변론종결시時를 기준으로 하는 견해와 책임원인발생시時를 기준으로 하는 견해가 대립해왔다. 그러나 판례는 원칙적으로 책임원인발생시, 즉 불법행위시설說을 따르고 있다. 공평의 관념상, 불법행위가 없었더라면 피해자가 손해를 입은 법익을 계속해서 온전히 향유할 수 있었을 것이므로 손해의 배상도 불법행위시부터 이루어져야 하기 때문이라는 것이다.

그런데 불법행위시설에 따를 경우 과잉배상의 문제가 생길 수 있다. 불법행위의 목적물이 재산이라고 가정해보자. 가해자가 불법행위 당시에 그 불법행위의 목적물이 된 재산의 가격이 장차 뛰어오를 것이라는 사정을 예견할 수 있었던 경우라 하여도(즉, 가격상승분에 대해서도 배상책임을 져야 한다고 보더라도) 불법행위 이후에 생긴 그 재산의 가격상승분에 대한 손해에 대해, 불법행위시로부터 지연손해금을 붙이는 것은 과잉배상에 해당한다고 볼 수 있다. 이 부분의 과잉배상을 피하기 위한 이론으로는 가격상승 시점 이후로만 지연손해금을 붙일 수 있다는 견해, 불법행위시부터 가격상승 시점까지의 중간이자를 공제한 후 불법행위시부터의 지연손해금 발생을 인정하는 견해, 불법행위시를 기준으로 산정된 손해액 부분에 대해서는 불법행위시로부터, 불법행위시의 가격을 초과한 부분에 대응하여 산정된 손해액 부분, 즉 가격상승분에 대한 손해에 대해서는 가격상승 시점으로부터 각각 지연손해금을 붙여야 한다는 견해 등이 있을 수 있다.[10] 그리고 법원은 이 점에 대해서 "장래 발생할 소극적·적극적 손해의 경우에도 불법행위시가 현가 산정의 기준시기가 되고, 이때부터 장래의 손해 발생 시점까지의 중간이자를 공제한 금액에 대하여 다시 불법행위시부터 지연손해금을 부가하여 지급을 명하는 것이 원칙"[11]이라고 판결해왔다.

정신적인 고통은 어떻게 배상할 것인가

불법행위로 인한 정신상의 고통에 대한 손해배상인 위자료의 경우에는 어떨까. 종래에는 이 부분에 대해서 특별한 판시를 하지 않던 대법원이 2011년 1월 13일을 기점으로 정신상의 손해배상 부분을 달리 보아야 한다고 판결하기 시작했다. 불법행위로 인한 손해배상 채무에 대해서는 그 채무성립과 동시에 지연손해금이 발생한다고 보아야 하지만, 불법행위로 인한 손해배상 채무 중에서도 정신상의 고통에 대한 배상인 위자료의 경우에는 그 위자료 산정의 기준시인 변론종결 당일로부터 발생하는 예외적인 경우가 있다고 한 것이다. 그러면서 일제히 원심이 위자료에 대한 지연손해금 부분을 변론종결 당시가 아니라 재산상의 손해와 같이 불법행위시로 본 것은 잘못이라고 하면서 원심을 파기했다.[12] 다음과 같은 이유를 들고 있다.

불법행위시와 변론종결시 사이에 장기간의 세월이 경과되어 통화가치 등에 상당한 변동이 생긴 때에도 덮어놓고 불법행위시로부터 지연손해금이 발생한다고 보는 경우에는 현저한 과잉배상의 문제가 제기된다.

이 파기는 원심이 불법행위 당시와 현재의 통화가치 차이를 감안하고 불법행위시부터 지연손해금이 발생된다는 사정까지 고려해 위자료 금액을 감액하여 정한 경우에도 이를 가리지 않고 일률적으로 이루어졌다. 즉 법원에서 지연손해금 때문에 가산되는 부분이 있기 때문에 위자료를 본래 위자료 자체로만 고려했을 때보다 적게 산정한 경우에도 지연손해금이 시작되는 기간을 뒤로 늦추어야 한다고 일괄적으로 처리한 것이다. 그와 같은 경우 "불법행위시로부터 변론종결시까지 상당한 장기간 동안 배상이 지연됨에도 그 기간에 대한 지연손해금이 전혀 가산되지 않게 된다는 사정까지 참작하여 변론종결시의 위자료 원금을 산정함에 있어 이를 적절히 증액할 여지가 있을 수 있다"라고 판단하기도 했다.[13] 그러나 실제로는 원고 측이 상고하지 않은 사건은 위자료 원금의 증액을 고려할 기회도 주지 않은 채 대법원에서 이자 부분만 삭감하는 판결을 해버리기도 했다.[14] 그런 경우에는 원고들로서는 불법행위시부터 지연손해금이 가산된다는 사정을 고려하여 감액된 원금에다 변론종결일 이후의 지연손해금이 가산된 금액만을 배상받을 수 있게 될 뿐이어서 유사한 사례들보다 현저하게 적은 금액만을 배상받게 되었다.

그 결과 인혁당 사건 피해자들의 경우만 봐도 고등법원 판결 후 77명에게 가지급된 위자료 491억여 원 중 210억 원을 되돌려줘야 하게 되었다. 즉 77명에게 지급하기로 한 위자료 491억 원에 불법행위일부터 시작된 지연손해금 210억 원이 포함되어 있기 때문에 과잉배상이 된 것이므로 그만큼을 반환해야 한다는 것이다. 인혁당 사건의 고등법원 판결에서는 지연손해금이 불법행위일로부터 시작된다는 법리에 따라 위자료의 원금을 감액해서 책정했으나 인혁당 사건의 피해자들은 상고하지 않았다. 하지만 대법원에서는 지연손해금 산정이 변론종결일로부터 시작된다고 하여 발생 시기를 늦추면서도 원금이 감액된 것은 고려하지 않았다. 인혁당 사건의 피해자들이 더 다툴 수 있는 기회만 있었더라면 대신 위자료 원금을 증액하여줄 것을 요구할 수도 있었지만 대법원에서는 그런 기회도 주지 않은 채 이자 부분만 삭감해버려서 더이상 다툴 수 없게 되었고, 결국 210억 원을 모두 반환해야 하게 되었다. 이에 대해 당시 정부는 20%의 이자를 붙여 반환을 구하는 소를 제기했다.

또다시 박근혜 정부로 정권이 바뀌자 국정원은 한술 더 떴다. 사건 가해자인 중정의 후신 국정원이 돌연 채권자의 얼굴을 한 것이다. 2013년 7월 피해자 77명에 대해 가족별로 동시에 부당이득반환 청구 소송을 걸었다. 국정원은 삭제된 30여 년치 이자는 물론이고 지금까지 돌려주지 않은 기간에 맞춰 연체이자까지 갚으라고 요구하고

법원의 인혁당사건 재심 개시 결정을 환영

30년 가슴에 맺힌 한, 이제 사법적 명예회

인혁당사건진상규명 및 명예회복을위

© 연합뉴스

인혁당 사건 재심 개시가 결정된 당시 유가족들은 이 결정을 환영했지만, 이후 재판이 진행되면서 오히려 가해자인 중앙정보부의 후신인 국정원이 채권자로 돌변하는 상황을 상상하지는 못했을 것이다.

나섰다. 법원은 끝내 국정원의 손을 들어줬다. 20%에 이르는 무시무시한 연체이자율도 그때부터 적용됐다. (…) 인혁당 사건이 벌어진 지 40년이 훌쩍 지났지만 국가의 억압은 '경제적 고문'의 얼굴로 또렷하게 남아 있다.[15]

일부 피해자들은 이자가 기산되는 날을 불법행위일로부터 사실심 변론이 종결된 날로 바꾼 것은 판례변경이므로 전원합의체에서 판단했어야 하며, 그러므로 각 소부에서 선고한 것은 "법률에 따라 판결법원을 구성하지 아니한 때"에 해당한다는 이유로 재심을 청구했다. 그러나 대법원은 다음과 같은 이유로 판례변경에 해당하지 않는다고 하여 재심 청구를 기각했다.[16]

불법행위로 인한 손해배상채무에 대하여는 원칙적으로 그 성립과 동시에 불법행위시로부터 지연손해금이 발생한다고 할 것이지만, 불법행위시와 사실심 변론종결시 사이에 40년 이상의 오랜 세월이 경과되어 위자료를 산정함에 반드시 참작해야 할 변론종결시의 통화가치 또는 국민소득수준 등에 불법행위시와 비교하여 상당한 변동이 생긴 때에는, 합리적인 이유 없이 과잉손해배상이 이루어지는 것을 방지하기 위하여, 예외적으로 그 위자료 산정의 기준시인 사실심 변론종결일부터 지연손해금이 발생한다.

재심의 대상이 된 판결은 재산상의 손해배상이 아닌 정신적인 손해에 대한 배상인 위자료의 경우에 한정하여서 오랜 세월이 경과하여 통화가치와 국민소득수준에 변동이 생긴 예외적인 경우에만 위자료의 지연손해금 발생을 늦추는 것이다. 그렇기 때문에 불법행위로 인한 손해배상 채무의 지연손해금 기산일에 관한 대법원의 종전 의견을 변경한 것이라고 할 수 없다고 보았다. 따라서 이를 대법관 전원의 3분의 2 이상으로 구성된 합의체에서 재판하지 않았다고 해서 '법률에 의해 판결법원을 구성하지 않았다'는 재심사유가 성립되지는 않는다고 판단했다.

또 대법원은 "불법행위시와 사실심 변론종결시가 통화가치 등의 변동을 무시해도 좋을 정도로 근접해 있는 경우에는 위자료에 대하여도 재산상 손해에 대한 배상액과 마찬가지로 불법행위 당시부터 지연손해금의 지급을 명하더라도 특별히 문제될 것은 없고, 그렇게 하는 것이 원칙이다. 그러나 불법행위시부터 사실심 변론종결시까지 장기간이 경과하고 통화가치 등에 상당한 변동이 생긴 경우에는, 그와 같이 변동된 사정까지 참작하여 사실심 변론종결시를 기준으로 한 위자료의 수액數額이 결정되어야 하는 것이므로, 그 위자료에 대하여는 원칙적인 경우와는 달리, 사실심 변론종결일 이후의 기간에 대하여 지연손해금을 지급하도록 하여야 하고, 불법행위시로 소급하여 그때부터 지연손해금을 지급할 아무런 합리적인 이유나 근거가 없다"고 보았다.[17] 재산상 손해배상의 경우에는 중간이자를 공제하여 원금을 감액한 후 불법행위시로부터 지연손해금을 지급하도록 하면서도, 정신적 손해배상의 경우에는 사실심 법원이 처음부터 위자료를 감액하여 지연손해금을 불법행위시로부터 지급할 것을 명한 경우에도 예외없이 변론종결일 이후부터의 지연손해금만을 지급하면 된다고 했다. 재산상 손해배상과 정신적 손해배상에 차이를 두는 이유나 근거도 제시되지 않았다.

그런데 대법원이 변론종결시를 기준으로 해야 한다고 판단한 주요인인 통화가치와 국민소득수준의 변동에 대해서는 이론異論이 있다.[18] 이에 따르면 변론종결 당시의 통화로 위자료를 산정하더라도 구매력의 차이가 없다면 동일한 구매력을 가진 금액에 대한 지연손해금을 불법행위 당시로부터 산정하여도 과잉배상이라고 볼 수는 없다. 다만 실질소득변동 부분에 차이가 있다면 과잉배상이 될 수도 있고 과소배상이 될 수도 있다고 지적한다. 변론종결시의 배상액에 소비자물가지수를 적용하여 산출한 실질소득을 불법행위 당시의 실질소득과 비교해보면 과잉배상이 될 경우도 과소배상이 될 경우도 있다는 것이다. 그렇다면 실질소득을 비교해보지 않고는 과잉배상인지 알 수 없게 된다. 그리고 우리나라의 그동안의 소비자물가지수나 실질소득의 상승률을 고려해볼 때 과잉배상일 가능성은 높지 않다. 이런 점을 고려하지 않은 앞서 언급한 대법원 판결들에는 중대한 법리적 오류가 있다. 나아가 이 이론異論은 '현저한 과잉배상'의 기준도 모호하다는 점과 법적안정성의 문제,

공격 방어기회의 봉쇄 문제 등도 아울러 지적하고 있다. 앞의 판결들은 또한 피고의 입장에서는 사실심 변론종결일을 뒤로 늦추기 위해서라도 항소하는 것이 무조건 유리하므로 항소를 부추기는 결과를 낳기도 한다. 결국 통화가치와 국민소득수준의 변동을 이유로 과거사 사건과 관련한 위자료의 지연손해금 기산일을 변론종결일로 한 판결들이 그렇게 해야 할 합리적 근거나 이유가 있었던 것인지는 의문이다.

이렇듯 과거사 청산을 위해 국회가 내린 입법적 결단과 무관하게 내려진 대법원의 판결들은 과거사 정리의 특수성을 제대로 고려한 것으로 보이지는 않는다. 대법원의 이러한 판결은 모두 이용훈 대법원장이 처음부터 제시했던 테두리, 즉 '사법권의 독립'과 '법적안정성'이라는 가치를 지키는 선에서 내려졌기 때문일까. 기존의 가치, 즉 과거로부터 고착되어온 가치만을 우선적으로 고려함으로써 과거의 잘못을 반성하고 또한 그러한 과거의 잘못을 답습하지 않겠다는 과거사 청산의 본질이 잊힌 것은 아닐까.

07

과거사에 대한 사법부의 권한은
어디까지인가

진도민간인학살 사건·
정원섭 사건 재심

사법부의 과거사 청산은 양승태 대법원장 취임 이후부터는 청산이 아니라 정리의 수순을 밟았다. 이용훈 대법원장의 청산 노력이 용두사미에 그쳐버렸다는 평가에서 힘이라도 얻은 듯 과거사 문제를 덮는 수순으로 진행되는 조짐이 곳곳에서 보였다. 2013년 5월 국가산하기관인 진실·화해를 위한 과거사정리위원회(이하 정리위원회)의 조사보고서가 재판에서 얼마나 증명력*을 가지는가 하는 쟁

---

* 증거가 재판에서 사용되려면, 증거능력과 증명력을 갖춰야 한다. 증거능력이 증거로 사용될 수 있는 법률상의 자격을 의미하는 데 비해, 증명력은 증거능력을 갖춘 증거가 실질적으로 얼마나 가치 있는 증거인지를 가리키는 용어이다.

점이 문제된 사건이 대법원 전원합의체에 회부되었다.[1] 진실·화해를 위한 과거사정리기본법에 의하면, 정리위원회는 일제강점기 또는 그 직전에 행한 항일독립운동 시기부터 이 법의 시행일까지 헌정질서 파괴행위 등 위법 또는 부당한 공권력의 행사로 인하여 발생한 사망 등 중대한 인권침해 사건과 조작의혹 사건 등을 조사하여 그 결과를 의결로써 결정하고, 정부는 규명된 진실에 따라 희생자, 피해자 및 유가족의 피해 및 명예를 회복시키기 위한 적절한 조치를 취하도록 규정되어 있다. ● 이때 정리위원회가 한 진실규명 결정이 어떤 효력을 가지는지가 문제된 것이다. 대법원은 한국전쟁 중에 일어난 진도민간인학살 사건의 손해배상 사건에서 이 문제에 대해 판단해야 했다. 대법원의 다수의견은 정리위원회의 조사보고서가 있다 해도 사법적인 절차에서 지켜야 할 기본적인 사실심리 절차를 개별적으로 밟아야 하고, 정리위원회의 조사보고서는 유력한 증거자료가 될 뿐이라고 판단했다.

> 정리위원회의 조사보고서에서 대상 사건 및 시대상황의 전체적인 흐름과 사건의 개괄적 내용을 정리한 부분은 상당한 신빙성이 있다 할 것이지만, 국가를 상대로 민사적인 손해배상을 청구하는 사건에서는 그러한 전체 구도 속에서 개별 당사자가 해당 사건의 희생자가 맞

● 진실·화해를 위한 과거사정리기본법 제1조, 제2조, 제26조, 제34조 등.

는지에 대하여 조사보고서 중 해당 부분을 개별적으로 검토하는 등 증거에 의하여 확정하는 절차를 거쳐야 한다.

그리고 다수의견은 진도민간인학살 사건의 진실규명 결정의 근거가 된 정리위원회의 조사보고서에 불명확한 점이 있어서, 조사보고서만으로는 희생자들이 살해되었다는 사실에 대한 증명이 이루어졌다고 보기 어렵다고 했다. 그러므로 추가적인 증거조사를 거치지 않은 채로 이 사건에 대한 진실규명결정 내용과 같은 사실을 인정한 원심이 위법하다고 해 사건을 원심 법원으로 돌려보냈다.

이 점에 관해서는 대법관 4인의 반대의견이 있었는데 국가산하기관인 정리위원회의 진실규명결정이 있었다면 국가 측의 명확한 반증이 없는 한 그 증명력을 인정해야 한다는 것이었다.

이 경우 진실규명결정의 내용을 부인하며 가해행위를 한 바가 없다고 다투는 국가가 그에 관한 반증을 제출할 책임을 부담한다고 보아야 한다. 즉 국가는 진실규명결정의 내용이 사실과 다르다는 점에 관한 구체적인 사유를 주장하고 이를 뒷받침할 만한 반증을 제출함으로써 진실규명결정의 신빙성을 충분히 흔들어야만 비로소 피해자 측에 진실규명결정의 내용과 같은 사실의 존재를 추가로 증명할 필요가 생기고, 국가가 그 정도의 증명에 이르지 못한 경우에는 함부로 진실규명결정의 증명력을 부정하고 그와 다른 사실을 인정할 수는 없다.

반대의견은 피고인 국가가 참고인 진술 내용 등의 모순점을 지적하여 그에 대한 자료를 제출하거나 정리위원회의 결정을 다투어 보려고 시도한 흔적을 찾을 수 없는데도 정리위원회의 조사보고서에 대하여 다수의견이 여러 가지 의문을 제기하는 수준의 지적을 하면서 다시 추가적인 증거조사를 요구하는 것은 부당하다고 했다. 국회가 과거사 정리를 위하여 입법적 결단으로 제정한 과거사 정리법에 따라 이루어진 정리위원회의 진실규명결정을 민사소송 절차에서 다시 검증하자는 주장은 과거사정리법의 제정취지를 존중하지 않는 주장이라는 것이다.

대법원의 다수의견에 대해서는 "민사소송 원칙을 고수하다 과거사위원회 진실규명결정, 형사법원 재심결정, 여러 특별법 제정의 입법정신 등 제도적 노력이 수포화되고, 특히 제도폭력에 따른 희생자의 '구체적이고 특별한 희생'이 결과적으로 재차 제도적으로 무위화되는 결과"가 될 수도 있다는 비판이 나오기도 했다.[2]

과거사 손해배상 사건과 소멸시효

이 판결에서는 더 중요한 쟁점도 다루고 있다. 손해배상을 청구하는 권리가 이미 시효완성으로 소멸해버렸는데 이를 어떻게 극복할 수 있는가 하는 문제이다. 불법행위를 원인으로 한 손해배상은 손해 및 가해자를 안 날로부터 3년간 행사하지 않거나, 불법행위일로부터 10년간 행사하지 않으면 시효가 완성되어 소멸한다. 그중 특히 국가에 대한 손해배상채권은 5년 동안 이를 행사하지 않으면 시효완성으로 소멸되도록 규정하고 있다. 이에 따르면 정리위원회가 다루고 있는 국가의 제도적 폭력을 원인으로 한 손해배상청구 사건은 모두 시효가 소멸한 것일 수밖에 없다. 이 문제가 극복되지 않고는 손해배상청구 사건은 한 발짝도 나아갈 수가 없다.

이에 대하여 대법원은 과거사 정리 사건 이전부터 여러 가지 논리를 만들어서 소멸시효의 법리가 그대로 적용되는 것을 막고자 했다. 첫째로는 채무자가 시효완성 전에 채권자의 권리행사나 시효중단을 불가능 또는 현저히 곤란하게 하거나 그러한 조치가 불필요하다고 믿게 하는 행동을 한 경우, 둘째로는 객관적으로 채권자에게 권리를 행사할 수 없는 장애 사유가 있었던 경우, 셋째로는 채무자가 시효완성 후에 시효를 원용援用하지 않을 것 같은 태도를 보여 채권자가 신뢰하게 한 경우, 넷째로는 채권자 보호의 필요성이 크고, 같은 조건의 다른 채권자가 채무를 변제받는 등의 특수한 사정이 있어서 채무의 이행을 거절하는 것이 현저하게 부당하거나 불공평하게 되어서 채무자가 소멸시효의 완성을 주장하는 것이 신의성실의 원칙에 반하여 권리를 남용하는 것으로 되는 경우 등에는 소멸시효의 법리를 그대로 적용할 수 없다는 것이다. 과거사 정리와 관련해서는 주로 두 번째와 세 번째 이유를 들어, 소멸시효가 완성되었다는 국가 측의 항변을 받아들이지 않았다.

앞에서 든 전원합의체 판결에서도 세 번째 이유를 들어서 소멸시효가 완성되었다는 국가 측의 주장을 받아들이지 않았다.

> 국가가 과거사정리법의 제정을 통하여 수십 년 전의 역사적 사실관계를 다시 규명하고 피해자 및 유족에 대한 피해회복을 위한 조치를 취하겠다고 선언하면서도 그 실행방법에 대해서는 아무런 제한을 두지 아니한 이상, 이는 특별한 사정이 없는 한 그 피해자 등이 국가배상청구의 방법으로 손해배상을 구하는 사법적 구제방법을 취하는 것도 궁극적으로는 수용하겠다는 취지를 담아 선언한 것이라고 볼 수밖에 없고, 거기에서 파생된 법적 의미에는 구체적인 소송사건에서 새삼 소멸시효를 주장함으로써 배상을 거부하지는 않겠다는 의사를 표명한 취지가 내포되어 있다.

소멸시효는 완성되었지만 세 번째 이유를 들어 피해자 및 유족의 권리행사가 긍정되어야 한다고 하면서, 그런 경우 국가가 소멸시효의 완성을 주장하는 것은 신의성실의 원칙에 반하여 권리의 남용이 된다는 것이다.

그런데 이에 덧붙인 부분이 당시에는 별다른 주목을 끌지 않은 채 지나가버렸지만 후에 문제가 되었다. 신의성실의 원칙에 비추어 국가 측도 마찬가지로 보호되어야 하므로 피해자 및 유족은 시효완성 후 권리행사가 가능해진 시점으로부터 상당한 기간 내에 신속히 권리를 행사했어야 한다고 판결한 부분이다. 그러면서 그 기간은 3년을 넘을 수 없다고 했다.

> 위와 같이 신의성실의 원칙을 들어 시효완성의 효력을 부정하는 것은 법적안정성의 달성, 입증곤란의 구제, 권리행사의 태만에 대한 제재를 그 이념으로 삼고 있는 소멸시효 제도에 대한 대단히 예외적인 제한에 그쳐야 할 것이므로, 위 권리행사의 '상당한 기간'은 특별한 사정이 없는 한 민법상 시효정지의 경우에 준하여 단기간으로 제한되어야 한다. 그러므로 개별 사건에서 매우 특수한 사정이 있어 그 기간을 연장하여 인정하는 것이 부득이한 경우에도 불법행위로 인한 손해배상청구의 경우 그 기간은 아무리 길어도 민법 제766조 제1항이 규정한 단기소멸시효기간인 3년을 넘을 수는 없다고 보아야 한다.

이후 "'상당한 기간'은 특별한 사정이 없는 한 민법상 시효정지의 경우에 준하여 단기간으로 제한되어야 한다"라는 판단에서 문제가 비롯되기 시작했다. 시효정지란 일정한 기간 동안 소멸시효의 진행을 멈추게 했다가 그 기간이 지나면 중단된 시효를 다시 진행하게 하는 제도를 말한다. 예를 들어 천재지변이나 전쟁 등으로 소멸시효의 진행을 멈추는 행위를 할 수 없게 된 채권자를 위하여 그 사유가 사라진 때로부터 1개월간은 시효가 진행되지 않도록 한다든지[3], 무능력자를 법적으로 대리할 대리인이 없으면 법정대리인이 취임한 때로부터 6개월간 시효의 진행을 정지시켜두는 경우[4] 등에 활용되는 제도이다.

그러나 이 판결의 사례는 천재지변이나 전쟁 등의 경우처럼 일시적으로 시효가 진행되지 않도록 할 수 있는 경우와는 다르다. 오랜 기간 동안 국가기관의 불법행위로 손해를 입어온 당사자들에게 특별법을 제정하여 수십 년 전의 역사적 사실관계를 다시 규명하고 피해자 및 유족의 피해회복을 위한 조치를 취하겠다고 선언한 사건이므로 진행되던 시효를 뜻밖의 요인이 생겨서 일시적으로 정지시키는 제도가 적용될 여지가 없다. 이미 완성된 시효가 정지될 수는 없기 때문이다.

대법원이 시효완성 후 권리행사가 가능한 시점을 시효정지제도의 경우에 준하여 단기간으로 제한해야 한다고 판단하자, 이에 따라 이후의 각종 판결들은 정리위원회의 진상규명 결정이라든지 재심판결확정일로부터 6개월이 지난 후의 각종 손해배상 사건에 대해 상당한 기간 내에 권리행사가 없었다는 이유로 기각하기 시작했다. 그러나 천재지변 등의 경우에 시효의 진행을 단기간 정지시키는 제도와 신의성실의 원칙에 따라 상당한 기간 내에 손해배상

청구를 하라는 사례에서의 '상당한 기간'이 어떤 원리로 연결되는
지에 대해서 법적인 해명을 하고 있는 판결은 없었다.

근거를 알 수 없는 '상당한 기간'

6개월이라는 기간을 기준으로 손해배상청구를 기각하는 판결들
이 나오기 시작하면서 과거사 관련 손해배상 사건은 혼란스러워
졌다. 3년의 시효기간이 적용되면 손해배상 소송에서 승소할 수 있
는 사건이라 원심에서 피해자들이 승소했는데, 6개월의 시효기간
이 적용되어 손해배상청구가 기각되어야 한다는 이유로 대법원에
서 원심으로 돌려보내지는 사건이 생겨난 것도 이때부터다. 군부
대 내에서의 의문사 사고가 문제된 대법원 판결[5]이 그 시작이다.

대법원은 일단 국가의 소멸시효 주장에 대해서는 앞서 본 전원
합의체 판결처럼 세 번째 사유, 즉 국가 측에서 적어도 소멸시효가
완성되었다는 주장을 하지는 않을 것이라고 피해자들이 믿게끔 했
으므로 손해배상청구 사건에서 소멸시효의 완성을 주장할 수 없다
고 하여 배척했다.

그간 은폐되어 군 외부에서는 도저히 알 수 없었던 소외인訴外人의
사망 원인에 대하여 재조사를 요구하는 민원이 제기되자 국방부가

2009년 12월 7일경 불법행위를 원인으로 한 손해배상책임이 인정될 수 있는 사망원인에 대하여 알려줌으로써 소외인의 유족인 원고들에게 그 사망원인에 기초하여 상당한 기간 내에 권리를 행사할 경우 피고가 적어도 소멸시효의 완성을 들어 권리소멸을 주장하지는 않을 것이라는 데 대한 신뢰를 부여하였다고 볼 수 있는 점에 비추어 보면, (…) 피고의 소멸시효 항변이 신의성실의 원칙에 반하는 권리남용으로 허용될 수 없다.

그러나 이 사건에서 손해배상을 청구해야 하는 '상당한 기간'은 3년을 적용할 특수한 사정이 있는 예외적인 경우 외에는 6개월이라고 판단했다.

원심으로서는 (…) 피고의 소멸시효 항변을 저지하면서 원고가 이 사건 손해배상채권을 행사할 수 있는 상당한 기간을 민법상 시효정지의 경우에 준하여 단기간(정지사유가 소멸된 날부터 6개월 내)으로 제한하여야 할 것인지 아니면 그 최장기간인 3년의 범위에서 연장할 수 있을 것인지를 판단하였어야 한다. 그럼에도 원심은 마치 원고들이 국방부로부터 조사 결과를 통보받은 2009년 12월 7일경부터 이 사건 손해배상채권의 단기소멸시효기간인 3년 내에는 당연히 그 손해배상채권을 행사할 수 있는 것으로 판단하였는바, 이러한 원심판단에는 채무자의 소멸시효 항변이 권리남용에 해당하는 경우에 채권자가 권리를 행사할 수 있는 상당한 기간에 관한 법리를 오해하고 그에 따른 심리를 다하지 않음으로써 판결에 영향을 미친 위법이 있다.

이 판결 이후 '상당한 기간'이 6개월이라는 전제하에 원고 측을 패소시키는 판결이 다수 선고되기 시작했다. 영화 「7번방의 선물」의 모델이 된 사건으로 유명한 정원섭 씨 사건에서도 바로 이 6개월 시한에 따라 국가를 상대로 손해배상청구를 할 수 없다는 판결이 선고되었다.

정원섭은 1972년 9월 29일 발생한 소녀살인사건의 범인으로 지목되어 모진 고문을 당한 끝에 범행 일체를 자백했다. 재판은 일사천리로 진행됐고, 그는 15년간 수감생활을 했다. 이후 그는 정리위원회의 진실규명을 거쳐 재심을 청구했고, 대법원은 2011년 10월 무죄 판결을 확정했다. 무죄가 확정된 뒤 정원섭은 국가에 대해 손해배상을 청구했다. 1심 법원은 국가가 26억 원을 지급하라고 판결했지만 2심에서 뒤집어졌다. 형사보상금 지급이 확정되고 나서 6개월 안에 손해배상 소송을 해야 하는데 10일이 더 지나버렸다는 이유였다. 3년으로 통용되던 '상당한 기간'이 2심 재판을 앞두고 6개월로 바뀌었기 때문이다. 형편이 어려운 정씨 입장에선 형사보상금을 먼저 받아야 손해배상 소송도 할 수 있었다. 그런데 검찰이 형사보상금을 늦게 줬던 탓에 소송 제기도 늦어졌다는 게 정씨 측 입장이다. '소멸시효'를 넘긴 건 검찰 때문이라는 주장이다.[6]

ⓒ연합뉴스

나라에 의해 억울하게 누명을 썼던 정원섭 씨는 39년 만에 그 누명을 벗었지만, 그 후 국가를 상대로 한 손해 배상 소송에서 나라에 또 한번 억울한 일을 당할 상황에 처했다. 이후 사법부의 결정을 지켜볼 필요가 있다.

앞서 보았듯이 불법행위를 원인으로 한 손해배상은 손해 및 가해자를 안 날로부터 3년간 행사하지 않거나, 불법행위일로부터 10년(국가에 대해서는 5년)간 행사하지 않으면 시효가 완성되어 소멸한다. 소멸시효를 국가 측이 주장하는 것이 신의성실의 원칙에 반하여 허용될 수 없다고 판단한 것은 5년의 소멸시효 완성에만 해당하는 것인지, 3년의 소멸시효 완성에도 해당하는 것인지 구별해서 판단하지는 않았다. 양쪽을 다 포함한 것으로 볼 수 있을 것 같다. 어쨌든 위 전원합의체 판결과 군 의문사 사건 판결 등은 특수한 사정이 있는 경우에는 3년, 그렇지 않은 경우에는 6개월이라는 새로운 기준을 제시했다.

소멸시효가 완성되었는데도 채무자인 국가가 시효가 완성되었다는 주장을 할 수 없다는 근거는 국가가 시효를 원용하지 않을 것 같은 태도를 보여 채권자가 신뢰하도록 한 경우 국가가 소멸시효를 주장하는 것이 신의성실의 원칙에 반하기 때문이라는 이유였다. 그런데 다시 "신의성실의 원칙에 비추어 국가 측도 마찬가지로 보호되어야 하므로 피해자 측은 상당한 기간 내에 신속히 권리를 행사했어야 한다"라고 한 판결의 근거는 무엇인가. 이미 완성된 시효가 되살아난다는 것인지, 상당한 기간이 지나면 피해자는 국가가 이제 시효이익을 원용하더라도 받아들여야 한다는 것인지, 아니면 새로운 시효가 진행된다는 것인지 알 수 없다. 이러한 내용을 불확실하게 해둔 채로 상당한 기간 내에 손해배상청구권을 행사한 경우에만 국가가 시효완성을 주장할 수 없다고 신의성실의 원칙을 제한적으로 적용하도록 판단한 부분도 지나친 해석이다. 시효가 완성된 후에 신의성실의 원칙의 적용으로 시효의 이익을 주장할 수 없다고 판단한 사례에서 완성되지 않은 시효를 정지시키는 제도가 다시 등장한 근거도 알 수 없다. 사실상 이는 피해자의 권리 행사 기간을 설정한 것인데 법률의 규정도 없이 가능한 일인지 의문이다. 판결에서는 이런 의문들에 대한 어떠한 답도 제시되지 않았다. 특히 6개월이라는 기간은 국가기관의 불법행위를 오랫동안 다투지도 못하다가 특별법의 제정으로 간신히 다투게 된 사건의 성격으로 미루어보아도 지나치게 짧은 기간이라고 볼 수밖에 없다.

이에 대해 6개월이라는 기간설정과 관련하여 형사보상 및 명예회복에 관한 법률 제8조에서 형사보상청구는 무죄재판이 확정된 사실을 안 날로부터 3년, 확정된 때로부터 5년 이내에 해야 한다고 규정하고 있는데 위 판결은 사실상 형사보상청구를 무죄의 재심 판결확정일로부터 6개월 이내에 하도록 강제하는 것이어서 문제라는 지적이 있다.[7] 또 6개월은 그 설정의 근거가 미약하고, 구체적 적용에서 예측가능성을 상실하고 우연한 사정으로 손해배상청구권의 긍정 여부까지 좌우하는 결과를 초래했으며, 과거사 사건에 3년의 소멸시효를 허용한 취지를 부인하는 결과를 초래했다는 비판도 있다.[8] 결국 2018년 8월 30일, 헌법재판소는 진실·화해를 위한 과거사정리기본법 제2조 제1항 제3호의 '민간인집단희생사건',

제4호의 '중대한 인권침해사건·조작의혹사건'에 민법 제166조 제1항 '소멸시효는 권리를 행사한 때로부터 진행한다'는 규정과 제766조 제2항의 '불법행위로 인한 손해배상청구권은 불법행위를 한 날로부터 10년을 경과하면 시효로 인하여 소멸한다'는 규정을 적용하는 것은 위헌이라고 결정했다.[9] 이로 인하여 장기소멸시효는 더이상 과거사정리기본법 제2조 제1항 제3호와 제4호의 사건에는 적용되지 않게 되어서 부분적이나마 구제의 길이 열렸다. 대법원이 관련된 문제들을 잘 풀어나갈 것이라 기대해본다.

'세상 모르는' 판사들이 빠지는 함정

미국 시카고대학교 로스쿨 교수이자 미 연방항소법원 판사로 오랫동안 일한 리처드 포스너는 실용주의자로 불린다. 미국 법체계의 더없는 복잡성, 미국 법관들의 이질성, 직업법관제를 택하지 않은 미국 사법부의 구성방식 등을 고려할 때 실용주의적 판결을 하는 수밖에 다른 대안은 없다고 주장하고 있기 때문이다.[10]

그에 의하면 "실용주의적 판결의 핵심은 법관이 결과에 대한 관심을 높이는 것이며, 따라서 정책적 판단의 토대를 개념론과 일반성에 두기보다 판결의 결과에 두겠다는 마음을 갖는 데 있다. 그러나 판결이 당면 사건의 당사자들에게 어떤 결과를 가져올 것인가에만 관심을 가져서는 안 된다. 합리적인 법실용주의자라면 당면 사건의 판결이 가져올 결과뿐 아니라 제도상의 결과를 포함한 체계상의 결과도 고려해야 한다."[11] 그리고 법실용주의는 "법관에 대해 사건에서 서로 다투는 이익들에 비춰 합리적인 판결을 낸다는 것 이상의 포부를 설정하지 않는다"[12]라고 하면서 미국의 로스쿨 교육은 이러한 법실용주의적 방향과 반대로 가고 있다고 비판하고 있다.

포스너에 의하면 로스쿨에서는 "법관에게 작용하는 동기와 제약, 그리고 그 결과 형성된 법관의 정신 상태는 무시하면서, 법관을 제한된 지성으로 불확실성의 바다를 항해하는 인간이 아니라 마치 컴퓨터처럼 취급하기도 한다".[13] 그렇게 되면 법관도 자연스레 무언가를 주도적으로 추진하기보다는 자기 앞에 제출된 사건만 판단하는 데 익숙해지게 되고, 이는 법관들을 '기이한 수동성'에 빠뜨리게 된다. 그리고 이런 수동성에 사로잡힌 판결은 결과적으로 법실용적인 결과를 낳지 못한다고 한다.

변호사나 교수 등 다른 직업을 가지고 있다가 판사가 되는 영미법 국가와는 다르게 우리나라는 그동안 직업법관제를 채택해왔다. 직업법관제란 우리 머릿속에 떠오르는 법관의 이미지대로 "경력의 전부를 직업법관으로 일하는 법률가들로 법원이 구성되는 시스템"을 말한다.[14] 직업법관제를 채택한 나라의 대부분은 성문법을 가지고 있다. "법전이 정확하고 상세할수록 법관이 자신의 정치적 또는 기타 개인적인 선호에 빠져들 가능성이 작아진다."[15] 이것이 의미하는 바는 무엇인가? 개별적인 사건에서 법관의 개인적인 의견에 좌지우지되지 않고 더욱 철저한 법리적 해석에 따라 모두가 동등하고 평등한 판결을 받게 된다는 것이지 않을까.

그러나 포스너는 직업법관제 아래에 있는 법관들이 "'때때로 입법자'의 역할을 수행할 수 있을 정도로 세상 돌아가는 것에 보조를 맞추지 못하는 경향이 있다"고 한다. "그들은 자신의 전문화된 영역에 대해서는 더 많은 것을 알고 있지만 그들이 알고 있는 것은 법리들일 뿐, 그 법리들과 그 법리들이 규율하는 제반 행위들 간의 관계에 대해서는 충분히 알지 못하는 것이다."[16] 포스너가 미국의 로스쿨 제도하에서 양성되는 법률가들이 '기이한 수동성'에 빠지게 된다고 한 지적과 직업법관제와 성문법 시스템 하의 법관들이 '세상 돌아가는 것에 보조를 맞추지 못하는 경향'이 있다는 지적은 상통한다. 법률가들이 때로 법만 따지고 현실을 무시하는 판결을 한다는 지적은 바로 이런 법교육과 직업적인 법관으로서의 폐쇄성에서 나오는 것은 아닐까.

정리위원회의 조사보고서를 사법 절차에서 요구하는 기본적인 사실심리 절차 속에 다시 집어넣어서 참고인 등의 진술 내용을 담은 정리위원회의 원시자료 등에 대한 증거조사 등을 통하여 사실의 진실성 여부를 확인하려는 대법원 전원합의체의 판결은 '법규주의Legalism●의 함정'에 빠진 판결이라는 의심을 받을 만하다. 시효완성 후 권리행사가 가능해진 시점으로부터 상당한 기간 내에 신속히 권리를 행사했어야 한다면서 6개월을 제시하고 있는 판결들은 포스너가 말한 실용주의적인 의미에서의 합리성도 갖추지 못했을 뿐 아니라 최소한의 법규적 근거조차 갖추지 못하고 있으므로 더욱 문제다.

특별법에 따른 정리위원회 조사보고서의 증명력을 깎아내린 것이 국회가 만든 특별법보다 민사소송법을 우위에 둔 발상이었다면, 6개월이라는 '상당한' 기간을 제시한 판결은 입법기관이 판단할 문제를 대법원이 대신 정한 것이었다. 법규주의에 입각하여 과거를 청산하겠다는 사법부가 그 원칙조차 제대로 지키지 않았다는 의심을 받는다 해도 변명이 어려워 보이는 이유다.

• 법적 규칙이라는 대전제를 출발점으로 하는 법률적 삼단논법에 따라 판결이 내려져야 한다는 원칙. '법률주의'라고도 번역된다.

08
정치적 판결, 무엇이 문제인가
삼성엑스파일 사건

최근 우리 사법부에서는 교과서에서 배운 사법부의 독립성, 판결의 독자성과는 너무나 대조적인 광경이 벌어지고 있다. 그동안 '정치의 사법화'가 '사법의 정치화'를 초래하는 것이 문제라던 비판이 있어왔으나 이런 원론적인 비판으로는 설명할 수 없을 정도로 우리 사법부가 지나치게 정치화되어 있는 모습이 속속 드러나고 있다. 이런 현상을 어떻게 받아들여야 할까?

'정치의 사법화'란 정치적으로 중요한 이슈 내지 갈등의 현안들이 당사자 간 합의나 다른 방식으로 해결되지 못하고 법정으로 와 법적 관점에서 결말이 나는 현상을 말한다. 정치사회 영역이 사법에 점차 의존해가는 이런 현상은 사회가 복잡해질수록 그 경향이 심화되기 마련이다.[1] 정치적 현안이 법정에서 결정되는 대표적인 예로 노무현, 박근혜 두 대통령에 대한 헌법재판소의 탄핵심판이라든지 신행정수도 건설 근거법률의 위헌 결정 등을 쉽게 떠올려 볼 수 있을 것이다.

한편 '사법의 정치화'란 법관이 법을 해석하는 형태로 법을 형성하는 데 참여함으로써 법관이 정치체제의 일부를 이룬다는 인식이다.[2] 즉 사법부의 판결이나 결정이 정치와 분리된 사법의 범위 내에만 머무르는 것이 아니라 정치체제를 형성하는 데 영향을 미치는 것을 의미한다. 그러나 정치의 사법화가 광범위해지면서 사법의 정치화란 단순히 사법부가 정치의 일부를 형성한다는 데 그치지 않고 사법부의 판결 혹은 결정에 정치가 얼마나 강력한 힘을 미치는지의 문제로까지 확장되었다. 이해관계가 엇갈려 뜨거운 쟁점이 되는 판결에 대해 정치계, 경제계 등 외부의 힘이 판결에 영향을 미치는 것 아닌가 하는 의심을 사회 대다수가 하게 되었기 때문이다. 최근에 드러난 사법부와 청와대 간의 이른바 '판결거래' 의혹과 같은 사태는 '외부의 힘이 사법부에 영향을 미친다'는 인식을 넘어 '사법부 스스로 외부의 힘을 불러들여 사법부의 현안을 해결하려 한다'는 의심까지 불러일으키고 있다. '정치의 사법화'보다 '사법의 정치화'에 대한 우려가 더 뜨거워진 이유다.

정치적 영향에서 자유로울 수 없는 법원

법관은 어떤 방식으로 정치와 관계를 맺고 있으며, 판결의 독자성이란 어떤 의미를 갖는가? 이 점에 관해 리처드 포스너는 정치적인 쟁점들에 법관의 정치적 성향이 개입되는 것은 불가피한 측면이 있다고 한다. "정치적 쟁점들은 힘으로써만 또는 힘의 문명화된 대체물인 표결 같은 것에 의해서만 해결될 수 있다." 헌법에서 지침을 얻을 수 없는 쟁점일 경우 결국 법관이 자신의 정치적 성향에 따라 표결에 참여할 수밖에 없다는 것이다.[3]

여기서 미국에서 '흑백 분리교육이 위헌'이라고 선언한 1954년의 '브라운 판결'을 예로 들어보자. 포스너에 의하면 '어떠한 주도적법절차에 의하지 아니하고는 어떠한 사람으로부터도 생명, 자유, 또는 재산을 박탈할 수 없으며, 그 관할권 내에 있는 어떠한 사람에 대하여도 법의 평등한 보호를 부인하지 못한다'라는 내용의 미국 헌법 제14조 평등보호조항의 입법 목적은 "단지 백인들이 받는 경찰의 보호를 흑인들도 받게 함으로써 흑인들이 범법자가 되지 않도록 하는 데 있었을 뿐"이다.[4] 이에 따라 브라운 판결 이전의 판례들은 평등보호조항을 문자 그대로 해석하여 '분리하더라도 평등하기만 하면 문제없다'는 데 그친 상태였고, 브라운 판결 당시의 미국 연방대법원 역시 앞선 판례를 존중함으로써 무난한 결론을 이끌어낼 수도 있었다. 그러나 그들은 그렇게 하지 않고 정치적인 판단을 했다.

브라운 판결의 암묵적인 근거는 "남부의 공공시설에서 흑백을 분리한 목적이, 분리를 강요함으로써 미국 흑인들을 인종적으로 열등하다고 낙인찍고 그들을 분리되고 불평등한 노예 상태로 계속 유지하려는 데 있다는 사실을 대법원이 인정함과 동시에 그렇게 해서는 안 된다는 것 또한 인정한 데 있었다. 이러한 시스템은 미국의 이상에 반하고, 전혀 이유 없이 잔혹하며, 국제 공산주의와의 싸움에서 미국의 약점을 형성하는 것이었다".[5]

이런 배경에서 선고된 브라운 판결은 선례를 따라 평등보호조항 자체를 문자 그대로 해석하지 않고 평등보호조항 자체에서 답이 나올 수 없는 쟁점으로 확장하여 판결했다. 그럼으로써 브라운 판결은 법관 개인의 정치적 성향에 따른 표결에 의해 결정되는 정치적 판결이 되었고, 그 판결문은 '정치적 문서'가 되었다. 그러나 브라운 판결은 "정치적으로 합당한 결정이자 정치적으로 합당한 판결이유를 가졌으며, 분명 충분히 훌륭한 판결이었다". "정치적 근거로 내려진 판결임에 분명하지만 근거에 충분히 좋은 이유가 있고 그 이상을 요구하는 것('평등보호조항의 문자적 해석에 의하더라도 먼저의 판결은 잘못이고 브라운 판결은 옳다는 결론을 이끌어내는 것')은 현학적이라는 사실을 누구나 알기 때문에 법규주의적 견지에서 반대하기를 모두 포기한, 아주 드문 헌법 사건이었다." 그래서 브라운 판결은 법규의 해석에 그친 판결이 아니라 입법적 역할을 한 판결이지만,

"대법원에 대한 어떤 책임 있는 비판자도 브라운 사건 판결의 온당함을 의심하지는 않았다".[6]

그러나 당연하게도 포스너는 모든 정치적 판결이 브라운 판결처럼 행복한 결말로 이어지는 것은 아니라고 말한다. 그 부정적인 사례로 2000년 미국 대통령선거의 표결과정에서 문제가 된 부시 대 고어 사건을 들 수 있다. 그 사건은 미국 연방대법원이 스스로의 "감탄할 만큼 훌륭했던 유산을 손상시킨" 사건이라고 평가된다.[7]

복잡한 경과를 생략하고 결과만 말하면, 2000년의 미국 대통령선거에서 부시가 약간 앞서고 있던 상황에서 "플로리다주에서의 개표는 엄청나게, 거의 초현실적이라 할 정도로 박빙이었다". 11월 9일에 발표된 개표 결과는 327표 차로 부시가 앞섰다. 그러자 고어 측이 플로리다주 전체 67개 카운티 중 4개 카운티의 표를 수작업으로 재개표할 것을 개표실사위원회*에 요구했고, 이에 따라 수작업으로 재개표하는 작업이 일부 진행되던 중 플로리다주 대법원은 수작업 재개표의 마감시한을 연장하라고 판결했다.[8]

이에 대해 부시 측 변호인단이 연방대법원에 상소를 제기했고, 12월 4일 연방대법원은 수작업 재개표의 마감 시한을 연장한 플로리다주 대법원의 판결을 무효로 했다.

---

* 미국의 각 카운티에 있는 독립적 위원회로서 선거 개표 중 재개표 여부를 투표로 결정한다. 세 명의 지방공무원으로 구성된다.

한편 연방대법원의 위 판결이 나오기 전인 11월 26일, 플로리다 주 국무장관이 537표 차로 부시 측이 승리했다는 개표결과를 발표하자 고어 측은 수작업 재개표를 전면적으로 실시해달라는 소송을 제기했고, 12월 8일 금요일 플로리다주 대법원은 4 대 3으로 "지역구 법원은 재개표가 아직 실시되지 않은 플로리다주 소속 카운티라면 어느 곳에서도 모든 불완전투표에 대한 재개표를 명해야 한다"[9]고 판결했다. 지방법원의 테리 루이스Terry Lewis 판사는 개표가 다음 날인 토요일 아침 8시부터 개시되어 그다음 날인 일요일 오후까지 완료되어야 한다는 계획을 발표했고, 이에 따라 오전 10시 7분부터 플로리다 전 지역에서 판사들이 자원하여 재개표 요원으로 활동하고 있었다. 당시만 해도 다음 날인 12월 10일 일요일 오후까지는 충분히 재개표가 완료될 것이라 생각되었다.

그러나 부시 측은 주 대법원의 판결에 대해 워싱턴의 연방대법원에 상소했고, 연방대법원은 12월 9일 토요일 오후 2시 40분 플로리다주 대법원의 판결을 정지하고 부시 측의 상고를 허가하는 명령을 내렸다. 연방대법원은 12월 11일 월요일에 변론을 열어서 사건을 심리한 다음, 12월 12일 화요일 밤늦게 5 대 4로 플로리다주 대법원의 재개표 명령은 수정헌법 제14조 평등보호조항에 위반되며 어떠한 재개표도 더이상 허용될 수 없다는 판결을 선고했다.

다수의견은 카운티마다 재개표 대상을 선정하는 데 다른 기준을 가지고 있으므로 통일된 기준 없이 재개표를 명령한 것은 투표된

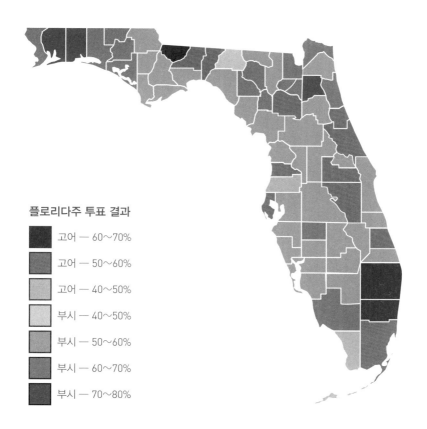

플로리다주 투표 결과

- 고어 — 60~70%
- 고어 — 50~60%
- 고어 — 40~50%
- 부시 — 40~50%
- 부시 — 50~60%
- 부시 — 60~70%
- 부시 — 70~80%

플로리다주는 2000년 미국 대선에서 가장 치열한 각축지였고, 여기서 아주 근소한 차이로 우위를 점한 부시 후보가 결국 대선 승리를 가져가게 되었다. 하지만 그 과정에서 있었던 연방대법원의 판단은 이후 지속되는 논란을 낳았다.

표를 자의적으로 차별하는 것이 될 수 있어서 평등보호의 관점에서 문제가 있다고 했다. 또 플로리다주 선거법상 선거인단 확정일을 감안하면 새로운 기준을 만들 시간도 없으므로 결국 재개표를 해서는 안 되며 공식 발표된 개표결과가 유지되어야 한다는 것이었다. 반면 소수의견은 재개표를 속행하기 위해 주 전체에 적용되는 단일한 기준을 설정하도록 사건을 플로리다주 대법원으로 돌려보내자는 것이었다.

포스너는 이 사건에 대해서 "당시 보수적인 대법관 다섯 명은 진보적인 결론(헌법상의 투표권리 옹호)을 지지하는 입장에 섰고, 나머지 네 명의 진보적인 대법관은 (플로리다주 최고법원의 의견을 존중하는 사법자제의 결론을 지지함으로써) 보수적 결론을 지지하는 입장에 섰다"라고 평가했다.[10]

이런 평가가 나오는 이유는 평소 사법소극주의를 주장하고 연방주의보다는 주의 권한을 강조하는 등 보수적인 이념을 주창하던 대법관들이 다수의견에 가담하면서 주의 자율적인 판단에 맡겨두어야 할 사항에 스스로 개입했기 때문이다. 또 근본적으로 대통령선거라는 극단적인 정치문제에 대해 사법부가 개입한 것은 부적절하다는 지적도 있다.[11]

반대의견에 가담한 존 폴 스티븐스 John Paul Stevens 대법관은 "우리가 완벽한 확신을 가지고 올해 대통령선거의 승자가 누구인지를 밝힐 수는 없다고 할지라도, 패자가 누구인지는 명명백백하게 확실하다. 바로 법관이 법의 지배를 지키는 공명정대한 수호자라는 미국인의 자신감이다"[12]라고 했다. 스티븐 브라이어 대법관 역시 반대의견에서 "대법원이 극단적인 정치적 문제를 판단함으로써 스스로에게 치명적인 상처를 입혔고 이것은 대법원만이 아닌 국가 전체에 대해 악영향을 미쳤다"고 하면서 이 사건에 대해서 사법소극주의적 자세를 취해야 했는데 사법적극주의의 '죄악'을 범했다고 했다.[13]

사법적극주의가 사법부는 의회의 위헌적인 권리행사로부터 국민의 권리침해를 방지하기 위한 역할을 해야 한다는 입장이라면, 사법소극주의는 사법부가 최소한의 합리성도 없는 입법에 대해서만 위헌 결정을 할 수 있다는 입장이다. 미국의 연방사법부는 전통적으로 사법자제自制의 입장을 취하는 편이었다가 점점 사법적극주의에 가까운 입장으로 변해왔다. 이 점에 대해 포스너는 정치적인 사건에 대법원이 개입하는 것은 근본적인 한계가 있다고 지적하면서, 법규주의적 의미에서 불분명한 사건들은 정치적인 의미에서도 대개 불분명한 측면이 있으므로 결국 판사는 자신의 정치적인 성향에 따라 결정할 수밖에 없게 된다고 말한다. "대법원의 역할은 제방이 터질 때까지만 손가락을 막고 버티는데 그친다. 만약 여론이 압도적으로 형성되면 정치인들과 마찬가지로 대법관들도 손을 들지 않으면 안 되는 것이다."[14] 그러다보니 "대법관이 선거구민들의 의사에 구애받지 않아도 되는 입법자라면 지지하지 않앉을 결정에 (자신의 입법적 선호와 달리) 대법관으로서 부득이 찬성표를 던지는 사건들도 있다."[15]

포스너는 "대법관이 사법자제의 입장을 취한다 하더라도 그는 여전히 정치인이다. 그러나 소심한 정치인이다. 그러한 대법관은 대법원의 역할이 마치 권위가 쇠락해 하원에서 통과되는 안의 입법화를 지연시키는 것 정도나 할 수 있던 영국 귀족원(상원)의 역할과 비슷한 수준에 그치기를 바란다"[16]고 지적하기도 한다.

부시 대 고어 사건에 대해서 제프리 투빈Jeffrey Toobin은 "이 사건에서 대법관들이 보여준 업무수행과 상황대처방식은 판사로서 그들이 지닌 가장 나쁜 단점만 모조리 모아놓은 것 같았다"면서, "2000년 선거과정에서 대법원이 보여준 업무수행과 상황대처가 낳은 비극은 바로 대법관들이 터무니없이 부적절할 뿐만 아니라 도덕적으로도 불미스러운 방법으로 자신의 권한을 행사하였다는 점이지, 부시의 승리를 가져왔다는 것이 아니었다"[17]라고 말했다.

브라운 판결이 입법적 판결이지만 "대법원에 대한 어떤 책임 있는 비판자도 그 판결의 온당함을 의심하지는 않는 판결"[18]이었다면, 2000년의 부시 대 고어 사건은 판결의 정당성이 의심받는 사건이었다. 이 두 가지 미국의 대표적인 정치적 판결에서 얻을 수 있는 교훈은 정치가 할 일을 떠맡게 된 사법부 또한 정치적 영향에서 자유롭지 않다는 것이고, 어쩌면 더 취약할 수도 있다는 점이다. 결국 사법부에 대한 신뢰는 의심받게 되고 권력분립의 원칙은 균형을 잃게 되어 민주주의와 법치주의의 기반이 위협받게 될 것이다. 정치의 사법화가 확대되는 것은 이해관계가 점차 복잡해지는 현대 사회에서 어느 정도 불가피한 측면이 있지만, 그에 따라 사법에 대한 정치의 의존도가 높아지면 사법의 정치화 또한 막을 수 없다.

삼성엑스파일 사건이 러지다

정치의 사법화라든지 사법의 정치화 문제가 계속 논의되어온 미국의 사정과는 달리 우리나라에서는 이 문제가 오랫동안 문제 자체도 되지 못했다. 권위주의 정부 아래에서는 정치를 사법부로 끌고 들어올 이유도 없었고, 설혹 끌고 들어온들 사법부가 어떤 목소리를 내기도 어려웠으므로 역설적으로 사법이 정치화될 여지도 없었다. 과거사 정리에서 문제된 각종 과거 판결들이 정치의 사법화의 결과가 아닌가 생각할 수 있지만, 그것은 사법부에 반정부사범에 대한 처벌을 전적으로 맡긴 것이 아니었다. 반정부사범을 처벌하기 위한 형식적인 법적용 절차를 거치도록 사법부에 강요한 것이었다. 외형상 사법의 형상을 가졌을 뿐 실질적으로는 정치가 사법화되지도 못한 수준의 것이어서 정치의 사법화라고 이름 붙이기에는 여러모로 맞지 않다.

마찬가지로 사법 쪽에서 보더라도 전반적으로 앞에서 언급한 의미의 정치화라는 문제와는 거리가 멀다. 그 당시 사법의 영역은 정치에 절대적으로 종속되어 있었기 때문이다. 바꿔서 말하자면 오히려 철저하게 '정치화'되었다라고 할 수도 있겠다. 정치의 사법화나 사법의 정치화 문제는 1987년체제 이후, 특히 헌법재판소가 정치적 사건에서 과감하게 의사결정을 하면서부터 비로소 문제가 되기 시작했다.

이 문제에 대해서 박은정은 "(정치의) 사법화는 단순히 한 요인에 의해 발생하는 현상이 아니기 때문에 사법부의 독립을 해치지 않으면서 사법권의 남용에 대처하는 일은 간단하지 않다"라고 하면서 "갈등과 대립의 와중에서 많은 시행착오를 겪으면서도, 법원에 의한 속결식의 해법보다는 공직자들을 포함한 우리사회 구성원들이 바람직하다고 생각하는 방향"으로 해결되어야 한다는 입장을 나타내기도 했다.[19]

정치의 사법화라든지 사법의 정치화 문제는 주로 헌법재판소의 결정들과 관련하여 논의되어왔지만, 대법원의 각종 판결들도 이 문제에서 자유롭지 못한 것이 사실이다. 언뜻 생각해보아도 삼성엑스파일 사건,「PD수첩」사건, 공소장일본주의 사건 등을 떠올릴 수 있고, 또 국가보안법의 위헌성 문제, 새만금 사건과 같은 환경 관련 사건 등도 정치의 사법화와 무관하지 않다. 여기서는 그중 삼성엑스파일 사건을 살펴보자. 판결문에 명시된 사건개요를 요약하면 다음과 같다.

국가안전기획부(현 국가정보원) 내 정보수집기관인 미림팀이 1997년 4월 9일, 9월 9일, 10월 7일 세 차례에 걸쳐 당시 삼성그룹 회장비서실장과 중앙일보 사장이 호텔 식당 등에서 한 사적 대화를 불법 녹음했다. 해당 녹음테이프와 녹취보고서에는 1997년 제15대 대통령 선거를 앞두고 여야 후보 진영에 대한 삼성그룹 측의 정치자금 지원 문제 및 정치인과 검찰 고위관계자에 대한 이른바 '추석 떡값' 지원 문제 등을 논의한 대화가 담겨 있었다. 미림팀장은 이 도청자료를 임의로 자신의 집에 갖다두었다.

그후 우여곡절 끝에 2004년 12월경 문화방송(MBC) 이상호 기자가 녹취보고서를 입수했다. 이상호 기자는 문화방송 간부들과 상의한 결과 녹음테이프 없이 녹취보고서만으로는 이 사건을 보도할 수 없다고 결론지었다. 이에 이상호 기자는 미국으로 건너가 녹취보고서를 전한 사람을 만나 취재 사례비 조로 우선 1천 달러를 지급하면서 추가로 문화방송에서 취재비 명목으로 1만 달러를 지급할 것이라고 말한 후, 그와 함께 귀국하여 그로부터 녹음테이프까지 받았다. 이상호 기자는 이 녹음테이프를 복사한 다음 녹음된 음성의 성문聲紋분석 작업을 마친 후 녹취록을 작성했다.

2005년 2월경부터 이상호 기자가 이른바 '엑스파일'을 입수했다는 소문이 언론계에 퍼지기 시작하자, 문화방송은 도청자료의 출처를 추적하는 한편 그 내용의 보도에 따른 법률검토에 착수했다. 문화방송 고문변호사들로부터는 보도의 내용이 공익에 관한 것이

ⓒMBC

문화방송의 삼성엑스파일에 대한 보도는 당시 공공연한 비밀이었던 정경유착과 소위 '떡값'에 대한 문제제기를 수면 위로 끌어올려 사회적 파장을 불러일으켰다.

고 국민의 알 권리에 해당하는 것이어서 문제가 없다는 답변을 들었으나, 자문을 구한 다른 변호사들과 기타 법조 관계인들로부터 통신비밀보호법에 저촉될 수도 있다는 취지의 답변을 듣게 되자 문화방송은 그 보도를 보류했다.

그러던 중 2005년 6월경 한 인터넷 언론매체에서 「MBC와 이상호 기자는 침묵을 깰 때」라는 기사를 게재하여 도청자료와 관련한 문제를 제기했고, 같은 해 7월경에는 동아일보와 조선일보 등이 각기 도청자료의 존재와 그 내용에 관하여 비실명 요약보도의 형식으로 기사를 게재했다. 그러자 문화방송도 도청자료를 보도하기로 결정했다.

불법 녹음을 당한 피해자인 삼성그룹 회장비서실장과 중앙일보 사장이 문화방송을 상대로 이 도청자료와 관련된 일체의 보도를 하지 말 것을 구하는 방송금지가처분을 신청했고, 이에 서울남부지방법원은 "녹음테이프 원음을 직접 방송하거나 녹음테이프에 나타난 대화 내용을 그대로 인용하거나 실명을 직접 거론하는 등의 방법으로 방송 등을 하지 말 것"을 내용으로 하는 가처분결정을 내렸다.

문화방송은 2005년 7월 21일 「9시 뉴스데스크」 프로그램을 통하여 관련 보도를 했다. 그러나 모 중앙일간지 사주와 대기업 고위관계자 간의 대화 내용이 담긴 녹음테이프를 입수했다는 것, 위 녹음테이프에는 대기업이 1997년 대선 당시 여야 후보 진영에 로비를 하고 정치인과 검찰 고위관계자에게 대규모로 추석 떡값을 보낼 리스트를 검토하는 내용이 담겨 있다는 것, 가처분결정의 취지에 따라 당사자의 실명과 육성을 공개하지 않는다는 것을 보도하는 수준에 그쳤다. 그러나 그다음 날인 7월 22일부터 문화방송은 후속 보도로 이 사건의 도청자료를 입수하게 된 경위와 그 수록 내용을 대선자금 제공, 여야 로비, 검찰 고위인사 관리 등으로 세분하여 상세히 보도하면서 대화 당사자와 대화에 등장하는 정치인들의 실명을 공개했다.

문화방송의 보도가 엄청난 사회적 파장을 불러일으키자 당시 법무부장관 천정배는 도청자료 속에 언급된 '떡값 검사'를 파악하라는 지시를 내렸고, 중앙일보와 삼성그룹에서는 대국민 사과문을 발표했다. 참여연대에서는 불법 대선자금 관련자 20여 명을 검찰에 고발했고 노무현 대통령은 철저한 조사를 지시했으며 천정배 장관 역시 성역없이 조사하겠다고 말했다. 국회에서는 특검 도입을 검토했으나 각 당의 입장 차이로 특검 조사는 이루어지지 않았다.

2005년 8월 5일 이상호 기자는 참고인 조사를 받았다. 8월 18일 노회찬 당시 민주노동당 국회의원은 국회 법제사법위원회에서 삼성으로부터 떡값을 받은 검사 7명의 실명을 공개했고, 『월간조선』은 9월호 기사에 자체적으로 입수한 도청파일 전문을 공개하여 명예훼손, 통신비밀보호법 위반으로 기소되었다. 2005년 12월 14일 검찰 수사팀은 수사결과를 발표했는데, 삼성과 중앙일보 측은 공소시효 만료로 무혐의 처분되었으며 이상호 기자와 『월간조선』 김연광 편집장, 노회찬 의원 등은 통신비밀보호법 위반 등으로 불구속기소되었다. 2006년 10월 26일 검찰은 도청이 행해지던 당시의 국가안전기획부장을 불법 도청의 공범으로 지목하여 구속했다.

정당행위가 되기 위한 요건

이상호, 김연광 두 언론인에 대해 1심은 이상호의 행위가 통신비밀보호법의 구성요건*에는 해당하지만 형법 제20조의 정당행위에 해당하여 위법성이 없다는 이유로 무죄라고 판단했고, 김연광에 대해서는 유죄를 인정하면서도 그 선고를 유예했다.** 그러나 2심 판결은 정당행위에 대한 1심의 판단을 뒤집어서 이상호 기자에게도 유죄 판결을 하고, 다만 형의 선고만을 유예했다.

2011년 3월 17일 선고된 이상호, 김연광에 대한 대법원 판결[20]의 다수의견은 피고인들의 보도가 형법 제20조의 정당행위에 해당하

---

* 주로 형법에서 범죄를 규정하기 위해 금지 또는 요구되는 행위가 무엇인가를 추상적·일반적으로 기술한 것을 말한다. 범죄가 성립하기 위해서는 그 범죄행위가 형법에서 정한 범죄에 해당하는 요건을 갖춘 행위여야 한다.

** 선고유예란 판결을 받은 날로부터 2년 동안 자격정지 이상의 형에 처한 판결이 확정되지 아니한 경우 등에는 면소된 것으로 간주하는 제도다.

지 않는다는 2심 판결과 결론을 같이 했고, 5명의 대법관은 그 결론에 반대하는 소수의견을 냈다.

다수의견은 불법 감청·녹음 등에 관여하지 않은 언론기관이 그 통신 또는 대화의 내용이 불법 감청·녹음 등에 의하여 수집된 것이라는 사정을 알면서도 그것이 공적인 관심사항에 해당한다고 판단하여 이를 보도하고 공개하는 행위가 형법 제20조의 정당행위가 되기 위한 요건에 대해서 먼저 판단했다. 다수의견은 "그 보도의 목적이 불법 감청·녹음 등의 범죄가 저질러졌다는 사실 자체를 고발하기 위한 것으로 그 과정에서 불가피하게 통신 또는 대화의 내용을 공개할 수밖에 없는 경우이거나, 불법 감청·녹음 등에 의하여 수집된 통신 또는 대화의 내용이 이를 공개하지 아니하면 공중의 생명·신체·재산 기타 공익에 대한 중대한 침해가 발생할 가능성이 현저한 경우 등과 같이 비상한 공적 관심의 대상이 되는 경우에 해당하여야 한다"라고 보았다.

그밖에도 "언론기관이 불법 감청·녹음 등의 결과물을 취득함에 있어 위법한 방법을 사용하거나 적극적·주도적으로 관여하여서는 아니 된다"라든지, "통신비밀의 침해를 최소화하는 방법으로 이루어져야 한다" "그 내용을 보도함으로써 얻어지는 이익 및 가치가 통신비밀의 보호에 의하여 달성되는 이익 및 가치를 초과하여야 한다"라는 등의 요건을 충족하여야만 정당행위가 된다고 했다. 그러면서 이상호, 김연광의 보도 행위는 '공적인 관심사항'에는 해당하지만 '비상한 공적 관심의 대상이 되는 경우'에는 해당하지 않는다고 판단했다.

> 대화의 내용은 앞으로 제공할 정치자금 내지 추석 떡값을 상의한 것이지 실제로 정치자금 등을 제공하였다는 것이 아닐뿐더러, 이 사건 보도가 행하여진 시점에서 보면 위 대화는 이미 약 8년 전의 일로서 그 내용이 보도 당시의 정치질서 전개에 직접적인 영향력을 미친다고 보기 어렵고, 제15대 대통령 선거 당시 기업들의 정치자금 제공에 관하여는 이 사건 보도 이전에 이미 수사가 이루어졌다. 이러한 사정을 고려하면, (…) 사실확인 작업도 없이 곧바로 불법 녹음된 대화 내용 자체를 실명과 함께 그대로 공개하여야 할 만큼 위 대화 내용이 '공익에 대한 중대한 침해가 발생할 가능성이 현저한 경우'로서 비상한 공적 관심의 대상이 되는 경우에 해당한다고 보기는 어렵다.

그밖에도 피고인 이상호가 녹음테이프의 소지인을 만나 취재 사례비 명목의 돈으로 1천 달러를 주고 앞으로 1만 달러를 추가로 주겠다는 의사를 밝히는 등 "처음부터 불법 녹음된 대화의 당사자나 내용의 공적 관심도에 착안하여 그 내용을 공개하고자 하는 목적으로 그 자료의 취득에 적극적·주도적으로 관여"했다고 판단했다. 또 보도방법이 통신비밀의 침해를 최소화하는 방법으로 이루어지지도 않았고, "이 사건의 보도로 얻게 되는 이익 및 가치가 통신비밀이 유지됨으로써 얻어지는 이익 및 가치보다 결코 우월하다고 볼 수 없다"고 했다. 이러한 이유로 이 도청자료를 공개한 행위는 형법 제20조 소정의 정당행위에 해당하지 않는다고 판단한 것이다. "만약 이러한 행위가 정당행위로서 허용된다고 한다면 장차 국가기관 등이 사인私人 간의 통신이나 대화를 불법 감청·녹음한 후 소기의 목적에 부합하는 자료를 취사선택하여 언론기관 등과 같은 제3자를 통하여 그 내용을 공개하는 상황에 이르더라도 사실상 이를 막을 도리가 없게 된다"라는 염려를 덧붙였다.

이에 대하여 반대의견은 다수의견이 사실상 정당행위를 인정하지 않겠다는 것과 다를 바가 없다고 지적하면서, "불법 감청·녹음 등에 관여하지 아니한 언론기관이 이를 보도하여 공개하는 경우에, 그 보도를 통하여 공개되는 통신비밀의 내용이 중대한 공공의 이익과 관련되어 공중의 정당한 관심과 여론의 형성을 요구할 만한 중요성을 갖고 있고, 언론기관이 범죄행위나 선량한 풍속 기타 사회질서에 반하는 위법한 방법에 의하여 통신비밀을 취득한 경우에 해당하지 아니하며, 보도의 방법에서도 공적 관심사항의 범위에 한정함으로써 그 상당성을 잃지 않는 등 그 내용을 보도하여 얻어지는 이익 및 가치가 통신비밀의 보호에 의하여 달성되는 이익 및 가치를 초과한다고 평가할 수 있는 경우에는 형법 제20조 소정의 정당행위로서 이를 처벌의 대상으로 삼을 수 없다"라고 했다.

다수의견은 위 대화가 이 사건 보도 시점으로부터 약 8년 전에 이루어졌음을 이유로 시의성이 없어 공적 관심의 대상이 아니라고 하나, 그 이후로 재계와 정치권 등의 유착관계를 근절할 법적·제도적 장치가 확립되었다고 보기 어려운 정치 환경이나 위 대화 속에서 정치자금 제공자로 거론된 대기업이 우리사회에 미치는 영향력 등을 고려하면, 이 사건 도청자료의 공개를 통해 제기된 재계와 언론, 정치권 등의 유착 문제가 단지 과거의 일이라는 이유로 시의성이 없다고 평가 절하할 수는 없다.

대법원과 헌법재판소의 엇갈림

한편 노회찬 의원은 2005년 8월경 신원미상자의 제보를 통하여 이 사건의 도청자료를 입수한 후, 국회의원으로서 검찰의 금품 수수 진위에 대한 수사 촉구 및 특별검사제 도입에 관한 사회 여론을 조성할 목적으로 보도자료를 작성하여 자신의 인터넷 홈페이지에 게재했다. 이로 인해 노회찬 의원은 통신비밀보호법 위반 혐의 등으로 기소되었다. 1심에서는 통신비밀보호법과 형법 모두에서 유죄판결을 받았으나 2심은 모두 위법성 조각사유●가 있다고 하여

● 범죄 구성요건에는 해당하지만 위법하지 않다고 볼 특별한 사유.

무죄를 선고했다. 대법원에서는 통신비밀보호법 위반 부분에 대하여 유죄판결이 선고되었다. 노회찬 의원은 1심 판결이 선고된 직후인 2009년 3월 10일, 위법성 조각사유를 넣지 않은 통신비밀보호법 제16조 제1항이 위헌이라고 주장하면서 헌법재판소에 헌법소원을 제기했다. 앞서 살펴본 피고인 이상호에 대한 대법원 판결을 인용한 노회찬 의원에 대한 대법원 판결[21]과 2011년 8월 30일에 선고된 헌법재판소의 결정[22]은 어디서 달라지는지 살펴보자.

대법원 판결은 앞서 든 전원합의체 판결을 그대로 인용했다.

피고인(노회찬 의원)이 국가기관의 불법 녹음 자체를 고발하기 위하여 불가피하게 이 사건 도청자료에 담겨 있던 대화 내용을 공개한 것이 아님은 분명하다. 또한 위 대화의 시점은 이 사건 공개행위시로부터 8년 전의 일로서, 이를 공개하지 아니하면 공익에 대한 중대한 침해가 발생할 가능성이 현저한 경우로서 비상한 공적 관심의 대상이 되는 경우에 해당한다고 보기 어렵다.

한편 피고인이 검찰의 수사를 촉구할 목적으로 이 사건 보도자료를 자신의 인터넷 홈페이지에 게재하였다고는 하나, 이미 언론매체를 통하여 그 전모가 공개된 데다가 국회의원이라는 피고인의 지위에 기하여 수사기관에 대한 수사의 촉구 등을 통하여 그 취지를 전달함에 어려움이 없었음에도 굳이 전파성이 강한 인터넷 매체를 이용하여 불법 녹음된 대화의 상세한 내용과 관련 당사자의 실명을 그대로 공개한 행위는 그 방법의 상당성을 결여한 것으로 보아야 할 것이다.

나아가 피고인의 이 사건 공개행위가 재계와 검찰의 유착관계를 고발하고 이에 대한 수사를 촉구한다는 점에서 공익적인 측면을 갖고 있다고 하더라도, 이러한 공익적 효과는 이미 언론의 보도를 통하여 상당 부분 달성된 바로서, 위 대화의 내용이 이를 공개하지 아니하면 공익에 중대한 침해가 발생할 가능성이 현저한 경우라고 보기 어려운 터에 굳이 인터넷 홈페이지 게재라고 하는 새로운 방식의 공개를 통하여 위 대화의 직접 당사자나 위 대화에 등장하는 관련자들에게 그로 인한 추가적인 불이익의 감수까지 요구할 수는 없다고 할 것이다.

이렇게 판단한 끝에 "이 사건 공개행위에 의하여 얻어지는 이익 및 가치가 통신비밀이 유지됨으로써 얻어지는 이익 및 가치를 초월한다고 볼 수 없다. 그렇다면 설사 피고인이 이 사건 도청자료를 취득하는 과정에 위법한 점이 없었다고 하더라도 이를 내용으로 하는 이 사건 보도자료를 인터넷 홈페이지에 게재함으로써 통신비밀을 공개한 행위는 형법 제20조의 정당행위로서 위법성이 조각되는 경우에 해당한다고 볼 수 없다"라고 하여서 정당행위라고 보고 무죄를 선고한 원심 판결을 원심 법원으로 돌려보냈다.

노회찬 의원이 제기한 헌법소원에 대해 헌법재판소는 2011년

8월 30일 7 대 1로 합헌 결정을 내렸다. 그 이유는 "이 사건 법률조항이 불법 취득한 타인 간의 대화내용을 공개한 자를 처벌함에 있어 형법 제20조(정당행위)의 일반적 위법성 조각사유에 관한 규정을 적정하게 해석 적용함으로써 공개자의 표현의 자유도 적절히 보장될 수 있는 이상, 이 사건 법률조항에 형법상의 명예훼손죄와 같은 위법성 조각사유에 관한 특별규정을 두지 아니하였다는 점만으로 기본권 제한의 비례성을 상실하였다고는 볼 수 없다"라는 것이었다. 즉, 이 사건 법률조항에도 형법 제20조를 적용할 수 있으므로 위법성 조각사유를 별도로 넣지 않은 것이 위헌은 아니라는 판단이었다.

그러면서도 "법원이 구체적인 사건에서 이 사건 법률조항을 적용함에 있어서 형법 제20조의 정당행위 요건을 지나치게 좁게 해석할 경우, 예컨대 타인과의 대화내용이 공중의 생명·신체 등 고도로 가치가 있는 중대한 공익에 대한 직접적이고 임박한 위험이 있는 극히 예외적인 때에만 대화내용 공개 목적의 정당성을 인정하는 등의 경우에는 공개자의 표현의 자유가 과도하게 제한될 수 있다"라고 판단했다. 헌법재판소의 이 판단은 대법원의 다수의견이 표명한 대로 형법 제20조의 해석을 관철하면 표현의 자유가 침해될 수 있다는 것으로 읽힌다. 그러나 이는 형법 제20조의 적용의 문제이지 통신비밀보호법의 위헌 여부의 문제는 아니므로 법원에서 해결되어야 하는 문제라고 했다. 아래의 결정문에서 명백히 지적되었다.

위와 같은 경우가 있다고 하더라도, 그것은 그 구체적인 사건에서 법원이 형법 제20조의 일반적 위법성 조각사유에 관한 규정을 적정하게 해석 적용하였는지 여부의 문제, 나아가 위와 같이 공개자의 표현의 자유를 과도하게 제한하는 법원의 판결이 있을 때 그것을 사법절차 내에서 어떤 방법으로 시정할 것인지의 문제라 할 것이고, 이 사건 법률조항이 공개자의 표현의 자유를 침해하는 것인지의 문제로 돌아오는 것은 아니라고 할 것이다.

헌재의 이 결정문은 '법원이 형법 제20조를 지나치게 좁게 해석할 경우 표현의 자유가 과도하게 제한될 수 있다. 그러나 이는 법원에서 시정할 문제이지 법률이 위헌이라고 할 문제는 아니다'라고 읽힌다. 이미 판결이 확정된 사건의 경우, 재심사유가 있지 않고서야 대법원 전원합의체에서 내려진 판결이 시정될 방법은 없다. 헌법재판소의 이 결정문의 의미가 축소될 수밖에 없는 이유이다. 어쨌든 헌법재판소의 판단은 대법원의 해석대로 하면 표현의 자유가 과도하게 제한될 수는 있지만 조문 자체가 위헌은 아니라는 것이다. 대법원의 법률해석이 있은 후, 헌법재판소가 같은 조항의 위헌 여부를 판단하였으면서도 대법원의 법률해석은 고려되지 않았다. 그러면서 형법 제20조의 해석 적용이 잘못되었더라도 결국 법원에서 시정해야 한다고 판단했다. 그동안 대법원과 헌법재판소가 법률해석권이 누구에게 있는지를 둘러싸고 다퉈왔는데, 결국 그로 인한 피해는 고스란히 재판을 받는 당사자에게 가는 것임을 보여주고 있는 사건이다. 그래서 그런지 이강국 재판관은 1인의 한정위헌 의견을 냈다.

> 불법 감청·녹음 등의 방지라는 입법목적은 불법적으로 이를 행한 자를 철저하게 찾아내고 엄격하게 처벌함으로써 달성하는 것이 올바른 방법이지, 단지 불법 감청·녹음 등을 조장할 우려가 있다는 이유만으로 진실과 공익을 위한 언론의 헌법적·사회적 소임을 막아서는 안 될 것이다. (…) 이 사건 법률조항은, 불법 감청·녹음 등에 의하여 생성된 정보를 불법의 개입 없이, 즉 합법적으로 취득한 자가 진실한 사실로서 오로지 공공의 이익을 위해 그 내용을 공개하거나 누설한 경우까지 처벌하는 것으로 해석하는 한 헌법에 위반된다고 해석하여야 할 것이다.

무엇이 정치적 판결인가

그동안 대법원은 형법 제20조의 '사회상규에 위배되지 아니하는 행위'란 법질서 전체의 정신이나 그 배후에 놓여 있는 사회윤리 내지 사회통념에 비추어 용인될 수 있는 행위를 말하고, 어떠한 행위가 사회상규에 위배되지 않는 정당한 행위인지는 구체적인 사정 아래서 합목적적, 합리적으로 고찰하여 개별적으로 판단되어야 한다고 판결해왔다. 그러나 무엇이 사회상규이고, 사회윤리이고, 사회통념인지는 불분명하다. 삼성엑스파일 사건은 포스너가 말한 '법규주의적 의미에서 불분명'한 사건의 전형이다. 언론의 자유와 통신비밀의 보호 중 어느 쪽을 더 보호하여야 하는지가 문제된 사건으로서 포스너가 말한 '법규주의적 의미에서 불분명한 사건'일 뿐 아니라, '정치적인 의미에서도 불분명'한 측면이 있는 사건이다. 결국 판사가 자신의 정치적인 성향에 따라 결정할 수밖에 없는 사건인 것이다.

대법원의 다수의견은 통신비밀의 보호가 언론의 자유보다 더 강력한 보호의 대상이 된다는 사회상규를 근거로 하여 결론에 이른 반면, 소수의견은 통신비밀 보호와 언론의 자유는 우열관계를 가리기 어려운 기본권이므로 충돌하는 두 기본권이 모두 최대한 실현될 수 있는 조화점을 찾도록 노력해야 한다는 생각을 출발점으로 했다. 두 주장 중 어느 쪽이 사회상규에 가까운지는 대법관들의 성향에 따라 선택되었다는 의심을 할 수밖에 없다. 겉으로는 표현의 자유와 그 한계가 쟁점인 사건처럼 보이지만 더 따지고 들어가면 결국 정치적 판결인 이유이다.

포스너는 정치적 판결을 "대중을 대체로 정당의 노선에 따라 둘로 갈라놓는, 그리고 전통적인 법률적 추론으로는 물론 전문가의 분석으로도 해결할 수 없는 도덕적 쟁점에서 한쪽 편을 드는 판결"[23]이라고 설명한다. 그러면서 "대법원이 헌법 사건을 판결할 때 정치적 법원이 될 수밖에 없다면, 우리는 최소한 대법원이 헌법이론의 성격이 주관적이고 또 그 토대가 확실하지 않다는 것을 인식하기를, 이를 통해 대법원의 권한행사가 제한받기를 희망할 수 있을 것이다"[24]라고 쓰고 있다.

사법부가 회부된 사건의 결론을 내리는 일을 피할 수는 없겠으나, 사법부의 결론조차 당파성에서 자유로울 수 없다는 사실을 사법부는 물론 사회적으로도 어느 정도 인식할 필요가 있다. 판결이 언제나 객관적이어서 뭐든지 판결해줄 수 있는 만능이 아니고, 주관적이기 때문에 분명히 제한받을 수 있어야만 한다는 그러한 사회적 인식을 통해서 정치가 사법화하고 사법이 정치화하는 것을 최소화해야 할 것이기 때문이다. 사법부에 최우선적으로 맡길 일은 당파성이 작용하는 영역의 일이 아니라 기본권이 제대로 보호되지 않아 헌법적 가치가 훼손될 염려가 있는 영역에서 법적 판단을 내려야 하는 일이다.

삼성엑스파일 사건 판결의 다수의견이 정당행위의 해석을 종래의 해석보다 훨씬 더 좁혀서 해석하고 있는 것이 정치적 성향에 따른 선택인데도 그 결론에 대한 책임은 결국 고(故) 노회찬 의원만이 지게 되었다. 2013년 2월 14일 판결확정으로 국회의원 직을 상실하게 된 노회찬 의원은 2016년 경남 창원시 성산구 국회의원 재

삼성엑스파일 사건의 또다른 당사자가 되었던 고 노회찬 의원의 신념과 행동은 지금 우리 사회와 정치의 투명성에 대한 화두로 남아 있다.

보궐선거에서 당선되어 다시 국회로 돌아왔으나 국회를 떠나 있던 기간 동안 받았던 정치자금이 문제되어 유명을 달리했고, 정치자금법 개정 문제를 다시 우리사회의 화두로 떠올렸다. 만일 대법원이나 헌법재판소의 결정이 달리 나왔더라면 노회찬 의원은 의원직을 상실하지 않았을 것이고 우리사회에 그만이 지닌 새로운 시각을 더 활발하게 펼칠 수 있었을지도 모른다. 노회찬 의원의 죽음으로 반짝 떠올랐던 정치자금 문제는 다시 수면으로 가라앉아 잊힌 것처럼 보인다. 이 몹시도 정치적인 판결이 사회적 변화를 불러일으켜 긍정적인 결과를 낳도록 할 책임은 이제 우리 모두에게 남겨졌다.

09

판사들이 피할 수 없는
정치적 판단

PD수첩 광우병 보도 사건

정치적인 판결에 대한 포스너의 설명을 따라가다보면 삼권분립
과 관련한 근본적인 문제까지 도달하게 된다. 의회에서 표결로 결
정할 문제와 대법원에서 합의로 결정할 문제의 한계가 어디에 있
는지 하는 문제를 해결하려면 결국 삼권분립의 근본원리를 돌아볼
수밖에 없기 때문이다. 포스너에 의하면 "정치적인 쟁점들은 그 정
의상 중립적인 전문가들에게 해결을 맡길 수 없는 문제들"이므로
"힘과 힘이 겨루는 마당"이며, "소수파는 자신이 틀리다는 점에 설
득되어서가 아니라 자신이 소수파라는 것을 알기 때문에 항복한
다".[1]

'심의모델'은 동료들을 설득하여 자신의 의견에 동조하도록 만

드는 목표를 가지는 모델이다. 학계의 세미나에서 주로 사용한다. 이런 모델이 효력을 발휘하기 위해서는 공통된 전제를 공유해야만 한다. 그렇지 않다면 논점 사이의 거리만 더 벌려놓거나, 아니면 거리를 좁히지 못한 채 각자 자신의 입장을 고수하게 만들 뿐이다.[2] 그런데 정치적인 쟁점들은 반대로 생각하는 사람을 심의를 통해 설득하기 어려운 경우가 대부분이다. 그래서 정치적인 쟁점에 대해서는 대법원에서의 논의구조 또한 심의모델이 아닌 '표결모델'이다. 포스너는 범죄로 기소된 사람의 권리보다 공공의 안전이 더 중요하다고 생각하는 사람과 그 반대로 생각하는 사람이 심의에 의해서 서로에게 설득될 가능성은 없다는 예를 들기도 한다. 정치적 쟁점에서 대법원의 논의구조가 심의모델로 가기 어려운 것은 미국 연방대법원뿐 아니라 우리나라 대법원도 마찬가지다. 의견이 아직 정립되기 전이라면 모를까, 그후라면 심의에 의해 의견을 바꾸는 경우는 극히 드물다.

결국 대법관은 정치적인 판결에서 "마치 입법자들이 어떤 법안에 대해 투표하는 것과 똑같이 투표하거나 아니면 법복을 입은 정치인인 것을 부끄러워해서 의회나 행정부의 조치를 헌법을 근거로 무효화하기를 힘껏 삼가거나 이 두 가지 가운데 하나를 선택해야 할 것이다. 첫째 방법을 선택하는 것은 '공격적인 법관'의 길(사법적 극주의judicial activism)로, 의회나 행정부의 권위와 비교해 대법원의 권위를 확장한다. 둘째 방법을 선택하는 것은 '온건한 법관'의 길(사법자제judicial self-restraint)로, 대법원이 의회나 행정부의 조치를 무효화할 때에는 그전에 정말 깊이 숙고할 것을 요구한다."[3]

포스너는 대법원의 논의구조가 표결모델이라면, 설득되지 않는 소수파가 있는 경우 새로운 규칙을 만들기보다는 타협적인 접근이 더 합리적인 선택이 될 수도 있다고 주장한다.[4]

이에 대해서 2005년 미국 연방대법원에서 선고한 밴 오든 사건을 들어서 타협적인 접근을 설명하고 있다. 이 사건은 십계명이 새겨진 기념물을 텍사스주 의사당 부지에 그대로 서 있도록 허용하는 것이 특정한 종교에 혜택을 주거나 지원하는 행위여서 위헌인지가 문제된 사건이었다. 같은 날 선고된 매크리리 카운티 사건에서는 카운티 법정에 십계명을 전시해둔 것이 위헌이라고 한 반면, 밴 오든 사건에서는 합헌이라고 선고되었다. 텍사스주 의회 의사당 부지에 세워진 기념물은 수많은 다른 기념물들과 함께 종교적 의미와 정치적 의미를 모두 가진다는 것이 다수의견의 논리였다. 크리스마스가 종교적이면서도 세속적인 성격을 갖는 것과 유사하다는 것이다. 반대의견은 십계명이 새겨진 기념물이 다른 종교적인 기념물들과 같이 있어서 두드러지지 않게 하는 식으로 세속화된다면 전시할 수 있다는 기준을 제시했다.

브라이어 대법관은 다수의견과 결론은 같이하지만 이유를 달리하는 별개의견을 내었는데, 그 기념물은 세속적인 조직인 독수리형제단이 기증한 것으로서 세속적 목적을 가졌다는 것이었다. 이 판결이 선고된 후 브라이어 대법관이 낸 별개의견에 대해 다수의 견이나 반대의견과는 달리 공적인 공간에 십계명을 전시하는 기준을 제시하지 못했다는 비판이 있었다. 이에 대해 포스너는 헌법재판의 정치적 성격을 인정하는 한, 이는 타당한 비판이 아니라고 주장한다. 타협은 민주정치의 본질이고 타협적 접근은 가부 간의 결정을 확실히 내기 어려운 법적 문제를 다루는 데 합리적인 접근이라는 것이다.[5]

허위보도의 기준은 무엇인가

2008년 4월, 우리 정부와 미국 정부 사이에 성립된 새로운 미국산 쇠고기 수입위생조건에 대한 합의로 우리 국민이 광우병 위험에 더 많이 노출될 수 있다는 염려가 인터넷을 중심으로 널리 퍼졌다. 그러자 문화방송의 탐사보도 프로그램인 「PD수첩」이 '미국산 쇠고기, 광우병에서 안전한가?'라는 보도를 냈다. 이 보도는 엄청난 반향을 일으켜 미국산 쇠고기 수입조건 완화에 반대하는 시민사회의 대규모 촛불시위 등으로 연결되었다. 이는 이후 방송에 대한 장악이나 시민단체에 대한 와해 시도 등 정부 측의 여러 과잉대응을 불러일으키기도 하여서 그 내연된 불꽃이 2016년 대통령 탄핵과 정권교체의 불쏘시개로 기능하기도 했다. 이러한 정부 측의

ⓒMBC

ⓒ미디어오늘

문화방송 「PD수첩」의 미국산 쇠고기 광우병 논란에 대한 보도는 한국의 세계화와 시장개방 확대 시점과 맞물려 국민들의 반감을 크게 불러일으켰다. 「PD수첩」 광우병 보도 사건'은 너무나 정치적이고 정책적인 사건이어서 대법원의 전원합의체의 판단만으로는 모든 문제를 해소할 수 없었다.

여러 대응 중 하나는 농림수산식품부 측이 원고가 되어 문화방송을 상대로 제기한 정정, 반론보도 청구와 형사고소였다. 이에 따라 민사와 형사재판이 별도로 진행되었다. 대법원은 민사판결에서는 일부 보도의 정정을 명하고 일부 보도의 정정은 불허했으며, 형사판결에서는 무죄를 선고한 원심의 판단을 유지했다. 민사사건에서 원고 측이 문제 삼은 보도내용은 다음과 같다.

① 미국은 2003년 첫 광우병 발생 후 주저앉는 증상을 보인 모든 소의 도축을 금지했으나, 일부 도축장에서는 여전히 광우병에 걸렸을지 모르는 주저앉은 소를 억지로 일으켜 세운 뒤 도축했다.

② 한 미국 여성이 2008년 4월 16일 사망했는데, 가족들과 주치의는 그 사망원인으로 인간광우병을 의심하고 있다.

③ 우리 정부는 2008년 4월 18일 미국 정부와 새로운 미국산 쇠고기 수입위생조건에 대해 합의했다. 그 결과 월령 30개월 미만의 소의 경우 이전에는 뼈 없는 살코기의 수입만 허용되었으나, 이제는 7가지 특정위험물질 중 2가지를 제외한 나머지 모든 부위의 수입이 허가된다.

④ 특정 유전자형(MM형)을 가진 한국인의 비율이 94%이므로 한국인이 광우병에 걸린 쇠고기를 섭취할 경우 인간광우병이 발병할 확률이 94%에 이르고 이는 영국인의 경우보다 약 3배, 미국인의 경우보다 약 2배 높은 수치이다.

⑤ 미국산 쇠고기 수입위생조건에 의하면 우리 정부는 미국에서 인

간광우병이 발생한다고 하더라도 독자적으로 대응할 수 있는 조치가 아무것도 없다.

⑥ 우리 정부는 쇠고기 원산지 표시를 확대한다고 하나, 직접 미국산 쇠고기를 먹지 않아도 미국산 쇠고기 성분이 함유된 라면스프, 알약캡슐, 화장품 등을 통하여 인간광우병에 감염될 수 있으므로 그 실효성이 의심된다.

⑦ 이러한 협상결과는 우리 정부가 미국산 쇠고기의 광우병 위험성이나 미국 도축시스템의 실태를 제대로 알지 못한 탓이다.[6]

이 중 원고의 정정(또는 반론) 보도 청구가 전부 또는 일부 인정된 것은 보도내용 ③, ④번이었으며, ①, ②번은 추가보도로 정정이 이미 이루어졌고, ⑤, ⑥, ⑦번은 사실의 보도라기보다는 의견의 표명이라고 보아서 정정보도를 인정하지 않았다.[7]

대법관들의 의견이 엇갈린 지점은 보도내용 ④, ⑤, ⑦번이었다. 이 중 ④번의 보도내용 부분만 살펴보자. 판결문을 요약 정리했다.

④번은 '보도내용이 과연 허위라고 단정할 수 있는가'와 '후속보도로 충분히 정정이 이루어졌는가'라는 두 개의 쟁점이 문제되었다. 다수의견은 보도내용은 허위이고 후속보도는 불충분했다는 것이었지만, 앞의 쟁점에 대해서는 3명의 대법관의 반대의견이, 뒤의 쟁점에 대해서는 6명의 대법관의 반대의견이 있었다.

이 중 ④번 보도내용이 허위라고 본 다수의견은 '현재까지의 과학수준이나 연구성과에 의하여 논쟁적인 과학적 사실의 진위가 어느 쪽으로든 증명되지 아니한 상태'에 있음이 분명한 경우, 언론이 그 과학적 연구의 한계나 아직 진위가 밝혀지지 않은 상태라는 점에 관한 언급 없이 그 과학적 연구에서 주장된 바를 과학적 사실로서 단정적으로 보도했다면 그 과학적 사실에 관한 언론보도는 허위라고 보았다. 또 그 언론보도의 내용에 관한 정정보도를 청구하는 피해자는 그 과학적 사실이 틀렸다는 점을 적극적으로 증명할 필요 없이, 그 과학적 사실의 진위가 아직 밝혀지지 않은 상태에 있다는 점만을 증명하면 충분하다고 했다. 이에 따라 다수의견은 ④번 보도내용은 과학적 사실의 진위가 아직 밝혀지지 않았는데도 그에 관한 언급이 없이 단정적으로 보도한 것이므로 허위의 보도라고 보았다.

이 부분에 대해 반대의견은 과학적 사실의 보도에 대하여 연구의 한계나 불확실성에 대한 언급이 없었다는 이유만으로 허위보도라고 할 수는 없다고 했다. 그 과학적 사실이 명백하게 증명된 것이라고 보도한 경우에만 허위보도 여부가 문제될 수 있다는 것이다. 사실적 주장을 뒷받침하는 과학적 증거에서 사용된 과학적 원리에 중대하고도 명백한 결함이 있는지, 그러한 사실적 주장을 뒷받침하는 과학적 증거가 현저히 부실한지 여부에 따라 판단해야 한다는 기준을 제시하기도 했다. 이런 관점에서 보면 ④번 보도내용은 '한국인이 유전적 특성상 인간광우병에 취약하다'는 보도내용이 허위인지의 문제로 좁혀서 보아야 하고, 그 부분이 근거로 삼은 과학적 증거에 과학적 원리에 반하는 심각한 불합리성이 있거나 이를 뒷받침할 과학적 증거가 현저히 부실해야 할 것인데, 이를 입증할 자료는 제대로 없다는 것이다.

진위가 아직 증명되지 않은 과학적 사실에 관해 다수의견은 '단정적인 보도'라는 것만 설득해내면 허위보도라는 결과를 얻을 수 있고, 반대의견은 '명백하게 증명'이라고 보도하지 않은 한 허위보도가 아니라고 판단했다. 다수의견과 반대의견은 결국 과학적 원리에 의하여 상당부분 뒷받침되는 경우라 하더라도 단정적인 보도를 하면 허위보도가 되는지, 그 원리가 중대한 결함이 있다고 밝혀지지 않는 한 허위라고 단정해서는 안 되는지 하는 허위보도의 정도 문제에서 충돌한 것이다.

형사판결에서는 문화방송의 「PD수첩」 방송이 다음의 ①, ②, ③과 같은 허위사실을 방송하여 쇠고기 수입 협상의 대표자와 장관의 명예를 훼손하고 수입판매업자의 업무를 방해했는지가 문제되었다.

① 미국의 소 도축시스템에 문제가 있어 광우병에 걸렸거나 걸렸을 가능성이 매우 큰 주저앉은 소가 도축·유통되고 있고, 아레사 빈슨이 인간광우병에 걸려 사망하였거나 사망 전 오로지 인간광우병 의심 진단만을 받았기 때문에 인간광우병에 걸려 사망하였을 가능성

이 매우 크다.

② 미국산 쇠고기는 위 ①항과 같은 사정 때문에 광우병 위험성이 매우 높음에도 이 사건 쇠고기 수입 협상의 대표 등인 피해자들이 미국의 소 도축시스템에 대한 실태를 보지 않아 광우병 위험성을 몰랐거나 알면서도 은폐·축소했다.

③ 우리 국민은 광우병 쇠고기를 섭취할 경우 인간광우병에 걸릴 확률이 약 94%인 실정인데 피해자들이 졸속으로 협상을 체결한 결과, 30개월 미만 미국산 쇠고기의 경우 광우병 원인 물질인 특정위험물질이 5가지 부위나 수입되어 우리 국민을 인간광우병에 걸릴 위험에 빠뜨림으로써 피해자들은 친일 매국노처럼 역사에 부끄러운 짓을 했다.[8]

대법원은 이에 대해 무죄를 선고한 원심의 판단에 아무런 잘못이 없다고 하여 원심의 무죄판단을 유지했다.[9]

우선 대법원은 이 사건의 방송보도가 국민의 먹을거리와 이에 대한 정부 정책에 관한 여론형성이나 공개토론에 이바지할 수 있는 공공성 및 사회성을 지닌 사안을 그 대상으로 하고 있는 점을 고려하면 이 사건의 방송보도로 인한 명예훼손죄의 성립 여부를 심사함에 있어서는 사적인 영역의 사안에 대한 것과는 심사기준을 달리해야 한다고 본 원심의 관점을 긍정했다. 그리고 원심이 허위사실에 해당된다고 본 방송보도 내용은 미국산 쇠고기의 광우병 위험성에 관한 것으로서 공직자인 피해자들의 명예와 직접적인 연관이 있는 것이 아닐 뿐 아니라 피해자들에 대한 악의적이거나 현저히 상당성을 잃은 공격으로 볼 수도 없다고 전제한 다음, 피고인들에게 피해자들 개인의 명예를 훼손한다는 점에 대한 인식이 있었다고 보기 어렵다고 한 판단이 옳다고 했다.

민사판결에서의 다수의견과 같은 입장이라면 문제를 제기하는 측에서 진위가 밝혀지지 않았다는 점만 증명하면 언론의 단정적인 보도는 허위보도가 될 것이다. 예를 들어 후쿠시마산 수산물에 대하여 인체에 해롭다는 주장의 진위가 밝혀지지 않은 이상 '후쿠시마산 수산물이 인체에 해롭다'는 단정적인 보도는 주장을 넘어서는 '허위'보도가 된다. 반대의견처럼 통용되고 있는 이론과 다른 이론(경우에 따라서는 가설에 불과한 이론)에 근거한 비판·주장 등이 광범위하게 허용된다면, 후쿠시마산 수산물이 인체에 해롭다는 주장이 명백하게 증명되었다고 보도하지 않은 한 인체에 해롭다는 단정적인 보도만으로는 허위보도라고 보기 어렵다.

다수의견에 의하면 진위가 명백하게 밝혀지지 않은 과학적 사실에 대한 보도의 설 자리가 좁아지면서 기술선진국이나 거대 국제기구가 내세우는 새로운 과학적 사실에 대한 비판은 힘들게 된다. 통용되고 있는 이론과 다른 이론에 근거한 비판·주장 등의 진위가 명백하게 증명되지 않은 한 단정적인 보도가 되지 않도록 조심해서 보도할 필요가 있으므로 그에 대한 보도는 움츠러들 것이기 때문이다.

포스너의 기준에 따른다면 허위보도의 정도를 따지는 이 판결들은 모두 정치적인 판결이지만 민사판결은 다수의견과 반대의견 모두 '공격적인 법관의 길'을 선택한 반면, 형사판결은 피고인들에게 명예훼손에 대한 인식이 없었다고 물러서서 판단하고 있다. 대법원이 민사판결에서 이미 허위보도 여부에 대해 판단했으므로 이를 따르고 있다는 점을 감안하더라도 밴 오든 사건에서의 브라이어 대법관처럼 타협적인 판단의 방식을 선택했다고 볼 수 있다.

「PD수첩」 판결이 정치적 판결이 된 이유

광우병 쇠고기에 대한 보도를 둘러싼 이 판결들이 표현의 자유에 대한 순수한 법리논쟁이 아니라 정치적인 판결이 된 배경에는 세계화와 시장개방이라는 문제가 놓여 있다. 한미 FTA 체결을 앞두고 있던 우리나라는 세계화와 시장개방을 어디까지 받아들일 것인가 하는 문제에 직면해 있었다. 우리나라의 경제적 측면에서 생각하면 시장개방은 결과적으로 불가피한 것이었을지 모른다. 그러나 당시의 우리나라에서는 이 문제를 둘러싸고 극도로 양분된 견해가 함께 목소리를 높이고 있는 형편이었다. 「PD수첩」 방송은 이런 분위기 속에서 세계화와 시장개방을 우려하는 목소리를 대변하는 쪽에 서 있었다. 그리고 그 반대쪽에는 국제질서를 경제적 이익 확대의 관점으로만 보는 자본주의를 근간으로 한 서구식 근본주의와 궤를 같이하면서 우리도 빨리 이 대열에 동참하자는 의견이 있었다.

「PD수첩」 사건의 다수의견은 진위가 밝혀지지 않은 과학적 사실에 대한 보도방법에 제동을 걸고 있어서 결과적으로는 강대국이나 다국적 기업의 새로운 과학적 기술에 대한 비판과 선택의 여지를 스스로 좁혀놓았고, 세계화와 시장개방의 흐름에 빨리 올라타야 한다는 주장에 손을 들어주게 되었다. 「PD수첩」 사건의 판결이 정치적 판결이 된 것은 이런 이유였다.

정치적 판결이 다루는 문제는 대법원의 전원합의체가 판단하기에는 너무나 정치적이고 정책적이어서 '민주적 공론의 장'에서 깊이 있게 토론되도록 하는 길을 찾아야 하는 문제들이다. 직업법관으로 일한 것이 경력의 전부인 법률가들로 구성되는 직업법관제와 대부분 법률을 다루는 영역에서 일정한 경력을 쌓은 다음 비로소 법관이 되는 시스템을 대조하면서 직업법관제는 입법적 기능을 법관들 소관에서 의원들 소관으로 이전시키는 효과를 낳는다고 포스너는 주장한 바 있다.[10] 하지만 포스너의 주장과 다르게, 대법원이 다루어온 많은 사례들에서 직업법관으로 이루어진 대법원의 전원합의체도 충분히 정치적 문제를 다룰 수 있다는 암묵적인 주장을 읽을 수 있었다. 포스너의 주장에 다 동의하는 것은 아니고, 일단 사건이 법원에 온 이상 이를 회피하지도 못한다. 그러나 사건의 정치적 성격을 전제로 대법원이 할 수 있는 방법을 모색하는 것은 꼭 필요해 보인다.

에필로그

열반의 오류에 빠지지 않기 위하여

프롤로그에서 고백했듯이 미시적 사고만 하고 살아온 내가 맞춘 퍼즐들만으로는 큰 그림은 그 모습을 드러내지 않았다. 코끼리의 다리만 붙들고서 코가 이렇게 생겼으려니 하고 있는 격이다. 그래서 알려진 학자들 중에 '코끼리'를 설명하고 있는 사람들의 글에서 도움을 받아보기로 했다. 이 책 여기저기에서 수시로 인용하고 있는 리처드 포스너의 『법관은 어떻게 사고하는가』라는 책과 알랭 쉬피오의 『법률적 인간의 출현』이 대표적이다.

미국 시카고대학교 로스쿨 교수이자 미 연방항소법원 판사로 오랫동안 일한 리처드 포스너는 『법관은 어떻게 사고하는가』에서 사법행태를 설명하는 이론이 9가지가 있다고 했다. 가치개입 이론,

전략적 접근이론, 사회학적 이론, 심리학적 이론, 경제학적 이론, 조직 이론, 실용주의 이론, 현상학적 이론, 법규주의 이론이 그것들이다. 하나하나 뜯어보면 이런 내용이다.

각각의 이론들은 법관의 '정치적 선호'가 법관의 선택을 좌우하고(가치개입 이론), 판사들은 '전략적 고려'에 따라 결론을 선택하며(전략적 접근 이론), 재판부 내의 역학관계에 따라 판결의 결론이 달라질 수 있다(사회학적 이론)는 저마다의 관점에서 법관의 의사결정 과정을 살핀다. 법관들이 가지고 있는 선입견이 중요할 때도 있다(심리학적 이론)고 말하기도 한다. 법관을 '합리적이고 이기적인 효용 극대추구자'라고 간주해 분석하거나(경제학적 이론), 법관과 그를 고용하는 정부를 대리인과 주인이라는 관계에 놓고 분석하기도 한다(조직 이론). 또는 판결이 가져올 효과에 결정의 토대가 있음을 살피거나(실용주의 이론), 법관의 경험이 의식에 투영되는 과정을 연구하기도 한다(현상학적 이론). 즉 '법관의 판결에 무엇이 영향을 미치는지'를 각각의 관점에서 살피고 있는 것이다.

마지막으로 법규주의 이론은 판결이 법을 구성하는 규칙의 총체에 따라 결정되기를 희망하는, 즉 법률적 삼단논법에 따라 판결이 내려져야 한다는 이론이다. '사법부의 공식 이론'이라는 지위를 차지하고 있으며 법관들의 강력한 지지를 받고 있다. 그러나 포스너는 다음처럼 지적하기도 한다. "법규주의적 방법론은 상급심 법원으로 올라오는 수많은 사건, 특히 법의 발전에 가장 큰 영향을 줄

사건에 해답을 주지 못하고 있다. 모호한 법률과 그보다 모호한 헌법 규정이 많고, 법률에 흠이 있거나 불일치하는 경우도 많으며, 공공연히 재량권을 행사해야 할 영역도 많고, 시대에 맞지 않거나 상호 충돌하는 선례도 많다." 법규주의의 최상위 규칙을 따름으로써 해소될 수 있는 불확실성은 일부에 불과하다고 포스너는 지적한다. "사법부에서는 일단 최상위 규칙의 포괄적 체계가 만들어지면 어떤 법관이든 새로운 판결을 쓸 수 없으며 이 규칙에 엄격하게 일치하는 판결만 써야 한다. 그러나 빠른 속도로 변화하는 사회적·경제적·정치적 환경은 이러한 규칙과 규칙의 적용대상인 환경 간의 부조화를 만들어낸다. 그리고 그 결과 현실에 부응하는 정책 친화적인 규칙으로 변화하기 위한 새로운 논의를 피할 수 없게 된다."[1] 그러면서 "법규주의의 왕국은 무너져왔고, 오늘날 법규주의는 주로 일상적인 사건 정도에 제한적으로 적용되는 반면, 법관에게는 아주 많은 자유가 허용된다. 법관에게 허용된 자유가 정확히 어느 정도이며 법관들은 자신의 자유를 어떻게 해석하는가"라는 질문을 던진다.[2]

포스너의 이 질문은 우리나라의 판사들에게도 마찬가지로 유효하다. 판사들이 어떻게 판단해왔고, 또 어떻게 사고해야 하는지에 대해 깊이 생각해볼 필요가 있음을 요즈음의 사법부를 보면서 절실하게 느끼고 있다. 이런 생각 끝에 포스너의 실용주의적 사고가 제시하는 방향이 일단은 사법의 정치화를 대하는 판사들의 자세를 좀더 객관적으로 돌아보게 해주지 않을까 기대하면서 실용주의적 태도를 하나의 큰 그림처럼 제시해보았다.

알랭 쉬피오는 1980년부터 프랑스의 푸아티에대학교, 낭트대학교에서 교수를 하다가 2012년부터는 콜레주드프랑스에서 법학분야의 석좌교수로 선출되어 '사회국가와 세계화: 연대에 관한 법학적 분석'이라는 강좌를 맡고 있는 석학이다. 2019년에 한국노동연구원 주최로 열린 국제노동기구(ILO) 백주년 기념 학술대회에 참석하기 위해 내한하기도 했다.

쉬피오는 법도 언어처럼 태어나면서부터 주어지는 도그마의 하나라고 주장한다. 도그마란 종교에서 불변의 진리로 인정되어 무조건 승인하여야 하는 교리를 말한다. 이 주장에 따르면 법은 정치적 혹은 경제적 역학관계의 산물이 아니며, 과학에 의하여 발견된 법칙들만으로 설명될 수도 없다. 또 법은 역사 또는 인종의 법칙이나 경제나 유전遺傳의 법칙 속에 통합되지 않는 마지막 공간이다. 법을 개개인의 권리들을 모아놓은 것으로 보고 해체가 가능하다고 보아서도 안 된다. 쉬피오는 이런 법의 도그마적 기능을 약화시키고 법을 개별적 권리들의 총합만으로 보게 되면 결국에는 모든 규칙은 주관적 권리로 쪼개져 소멸되어버리고, 인류 전체는 "내던져진 경쟁 속에서 동일한 권리들(투표권, 소유권, 인권)로 무장한 개인들의 집합으로 간주될 수 있다"고 염려한다.[3]

'법을 단지 개별적 권리들의 총합으로 보는 관점'은 경제 이데올

로기가 발전하고 계약주의의 제국이 확대될 때 힘을 얻는다. 계약주의는 계약적 관계를 사회적 관계의 가장 완성된 형태로 보고 법의 일방적인 강제성을 대신할 만한 대체재로 여기는 사상이다. 계약주의가 법의 영역도 지배하게 되면 "시장은 오로지 개인들 간의 거래로만 구성되는바, 사실상 중요한 건 오직 거래의 규제를 담당하는 절차가 얼마나 최적화되어 있는지 정도다". "공공 정책은 오직 기회주의적 행동을 미연에 방지하고자 하는 목적의 규제 정도로서만 이해된다."[4]

그러나 비용이 더 클 때에는 공공정책에 의한 규제도 쉽지 않은 것이 현실이다. 가습기살균제 사건에서 보듯이 어떤 계약에서 우월적 이익에 선 측이 얼마나 큰 이익을 얻을 수 있는지만 문제되고, 그로 인해 심각한 피해를 입는 쪽이 생겨도 그 피해는 오직 경제적으로 계량되어서 논의되기 때문이다. 그리고 그 경우 가장 피해를 입는 사람은 가장 취약한 지위에 놓여 있는 사람이다. 요컨대 쉬피오의 관점은 모든 것을 숫자로 환원해서 사고하게 되면 결국 법치는 무너지고 숫자에 의한 협치의 시대가 온다는 것이다. 그가 말하는 숫자에 의한 협치의 세계는 효용에 근거한 자율조정 장치를 지향하는 세계이다.[5]

공교롭게도 쉬피오는 법경제학의 선구적 저서로 포스너의 『법경제학』을 꼽으면서 법경제학의 특징은 계산에 의해 지배되는 규범질서를 정당화하는 것이라고 지적한다. 그러면서 법경제학은

"자의적이고 불완전할 수밖에 없는 인간의 법으로 다스리는 나라가 아니라 숫자에 대한 지식에 근거해 인간 사회를 통치할 수 있는 완벽한 과학에 의해 다스려지는 나라를 꿈꾸는 (…) 순결무구한 모습"을 가졌다고 비판한다.[6] 그리고 이러한 사고는 "경제는 선거민주주의의 불확실함에서 벗어나야 한다고 생각"하는 것과 연결되며 소비에트식 계획경제와 극단적 자유주의 프로그램에서 공통적으로 볼 수 있는 사고라고 한다.[7]

쉬피오는 서구의 과학과 기술이 '글로벌화'라는 현상을 지배하게 되면서 생기는 여러 문제들에 대한 도그마적 기능을 할 수 있는 제도는 없는지 고민한 끝에 결국 '인권'이라는 개념을 다시 불러들인다. 마치 자유방임주의가 지배하던 서구의 초기 자본주의사회가 '사회권'이라는 제2세대 인권 개념을 도입했던 것처럼 계약주의, 과학주의가 지배하는 '글로벌화'의 현장에도 새로운 인권 개념이 필요하다는 것이다. 그러나 자칫 "비서구권에 대한 서구의 지배를 정당화해주는 발상"이 되어서는 안 될 것임을 경고하고 있기도 하다.[8]

포스너의 말처럼 법규주의의 왕국은 무너져왔는데도 판사들은 아직도 그 왕국을 굳건하게 지키기 위해 사력을 다하고 있는 모습을 보면서, 또다른 그림을 제시해보려는 마음으로 쉬피오를 불러들였다. 쉬피오는 "법규범은 있는 그대로의 세상만을 반영하는 것이 아니라, 있어야 할 세상에 대한 어떤 사회의 생각 또한 반영한다.""어떤 사회에서 법을 만들어내는 힘으로서의 표상체계를 확인하지 않고서는 (형식적 표상들과 실재세계 사이의) 역동성을 이해할 수 없다"라고 한다.[9] 그리고 그 역동성 속에서만 지구화와 함께 대두한 "생태학적 위기의 고조, 갈수록 심각해지는 불평등, 가난과 이민의 증가, 종교전쟁의 재발과 정체성 회복 운동의 자폐적 현상들, 정치 또는 금융의 신용 붕괴 등등"의 위기 속에서 어디로 나아가야 할지를 판단할 수 있다고 주장한다.[10] 압축적 성장이라고 불리는 빠른 달음박질을 해온 끝에 전근대와 근대, 현대와 초현대가 공존하는 우리사회에서 입법과 법률해석이 어떤 방향성을 가지고 나아가야 하는지 깊이 생각해보도록 하는 대목이다.

법경제학자로서의 리처드 포스너는 2010년의 저서『신자유주의의 위기』라는 책 등에서 뉴딜정책 등 정부의 개입이 '열반의 오류 nirvana fallacy'에 빠져 있었던 것이라면 효율적 시장가설 또한 열반의 오류에 빠진 것이라고 하면서 자신도 열반의 오류에 빠져 고생한 적이 있다고 인정한다. 열반의 오류란 불가능한 기준을 따르느라 현실을 왜곡하게 되는 것을 말한다. 결국 시장은 완전하고 불확실성이 생기지 않는다고 생각한 것이 열반의 오류였다는 것이다. 그렇다면 법경제학이 꿈꾸는 '효용에 근거한 자율조정장치' 또한 열반의 오류이지 않을까?

실용주의를 주창하는 법학자로서 포스너는 한 나라의 사법부가 어떻게 작동하여야 하는지를 말하고 있고, 쉬피오는 법이 극단적인 자유주의가 활개를 치는 시대에 어떤 역할을 하여야 하는지 말하고 있다. 이 둘은 서로 다른 이야기이다. 그러나 거시적인 틀을 가지고서 현상을 분석하고 미래를 그려본다는 방법론을 가지고 있다는 점에서는 일맥상통한다.

판사들이 큰 그림을 가지고 결론을 선택한다는 것은 원래 사법부가 의도하지는 않은 일이다. 그러나 판결의 결과들을 분석하여 보면 어떤 성향이 드러나는 것도 사실이다. 그래서 포스너는 "정치적 성향이 비슷한 법관들은 사법철학이 다르더라도 보통 같은 방향으로 표결한다"라고 말했을 것이다.[11] 그렇다면 입법을 하는 경우뿐 아니라 만들어진 법을 해석하고 적용하는 데에도 세계의 미래와 법의 미래를 생각해보고 상상해보는 일들은 필요하다. 생각과 상상을 그치고 주어진 법을 문자 그대로 해석하는 것은 인공지능이 계산된 알고리즘을 가지고 판단하는 것과 무엇이 다를 것인가? 판사들, 나아가 법률가들이 법규주의의 왕국에서 나와서 지금이 시대에 필요한, 그리고 더 나아가 지속가능한 미래를 위한 법의지배를 사유하는 것은 쉬운 일은 아니겠으나 포기해서도 안 될 일이다.

주

1장

1 헨리 섬너 메인 『고대법』, 정동호·김은아·강승묵 옮김, 세창출판사 2009, 112면.

2 같은 면.

3 이언 모리스 『가치관의 탄생』, 이재경 옮김, 반니 2016, 142~43면.

4 같은 책 135면.

5 프랜시스 올슨 『법의 성별』, 카키시마 요시코 엮음, 김리우 옮김, 파랑새미디어 2016, 10면.

6 같은 책 11면.

7 같은 책 10~12면.

8 마사 누스바움 『혐오와 수치심』, 조계원 옮김, 민음사 2015, 426면.

9 같은 책 428~29면.

10 같은 책 431면.

11 같은 책 432면.

12 프랜시스 올슨, 앞의 책 10~11면.

13 같은 책 11면.

14 같은 책 105면.

15 같은 책 105~107면.

16 같은 책 103면.

17 대법원 2008.11.20. 선고 2007다27670 전원합의체 판결.

18 대법원 2005.7.21. 선고 2002다1178 전원합의체 판결.

19 대법원 2013.5.16. 선고 2012도14788,2012전도252 전원합의체 판결.

20 대법원 2013.6.20. 선고 2010도14328 전원합의체 판결.

21 Wrangham, Richard, and Dale Peterson. *Demonic Males: Apew and the Origins of Human Violence*. Boston: Houghton Mifflin 1996; Ghiglieri, Michael. *The Dark Side of Man: Tracing the Origins of Male Violence*. New York: Basic Books 1999; Fry, Douglas, ed. *War, Peace and Human Nature: The Convergence of Evolutionary and Cultural Views*. Oxford, UK: Oxford University Press 2013; Pinker. *The Better Angels of Our Nature: Why Violence Has Declined*. New York: Viking 2011, 684~89면. 이언 모리스, 앞의 책 193~94면에서 재인용.

22 같은 책 190면.

23 같은 책 232면.

24 리처드 포스너 『법관은 어떻게 사고하는가』, 백계문·박종현 옮김, 한울아카데미 2016, 350면.

2장

1 아이린 카먼·셔나 크니즈닉 『노터리어스 RBG』, 정태영 옮김, 글항아리 2016, 185~87면.

2 같은 책 175면.

3 같은 책 177~78면.

4 마사 누스바움『시적 정의』, 박용준 옮김, 궁리 2003, 189~91면.

5 같은 책 173면.

3장

1 대법원 2005.7.21. 선고 2002다1178 전원합의체 판결.

2 대법원 2010.9.30. 선고 2007다74775 판결.

3 같은 판결.

4 대법원 2011.2.24. 선고 2009다17783 판결.

5 헌법재판소 2013.5.30. 선고 2009헌마514 결정.

6 대법원 2011.1.27. 선고 2009다19864 판결.

7 헌법재판소 2014.3.27. 선고 2011헌바42 결정.

8 헌법재판소 1996.3.28. 선고 96헌마18 결정.

9 헌법재판소 1999.12.23. 선고 99헌마135 결정; 헌법재판소 2006.3.30. 선고 2004헌마246 결정.

10 대법원 2012.4.19. 선고 2010도6388 전원합의체 판결.

11 최장집『한국 민주주의 무엇이 문제인가』, 생각의나무 2008, 103면.

12 대법원 2013.11.28. 선고 2013도5117 판결.

13 로버트 달『민주주의』, 동명사 2015, 173면.

4장

1 알랭 쉬피오『숫자에 의한 협치』, 박제성 옮김, 한울 2019, 207~208면.

2 알랭 쉬피오『법률적 인간의 출현』, 박제성·배영란 옮김, 글항아리 2015, 182~85면.

3 대법원 2012다89399, 2012다94643 각 전원합의체 판결.

4 2012다89399 사건.

5 2012다94643 사건.

6 대법원 2001.10.25. 선고 99도4837 판결.

7 대법원 2011.3.24. 선고 2009다29366 판결.

8 같은 판결.

9 대법원 2011.3.17. 선고 2007도482 전원합의체 판결.

10 알랭 쉬피오 『법률적 인간의 출현』, 181~82면.

11 같은 책 282면.

12 같은 책 252~54면.

13 같은 책 254~55면.

14 같은 책 262~64면.

15 같은 책 260면.

5장

1 프랜시스 올슨 『법의 성별』, 카키시마 요시코 엮음, 김리우 옮김, 파랑새미디어
　2016, 102면.

2 같은 책 111면.

3 대법원 2014.8.21. 선고 2010다92438 전원합의체 판결.

4 대법원 1994.1.11. 선고 93다26205 판결.

5 대법원 2013.9.26. 선고 2013다26746 전원합의체 판결 등.

6 같은 판결.

7 알랭 쉬피오 『법률적 인간의 출현』, 박제성·배영란 옮김, 글항아리 2015,
　179~81면.

6장

1 안병직 외 『세계의 과거사 청산』, 푸른역사 2005, 14~77면.

2 같은 책 164면.

3 알비 삭스 『블루드레스』, 김신 옮김, 일월서각 2012, 69~70면.

4 권석천『대법원, 이의 있습니다』, 창비 2017, 255~56면.

5 같은 책 285면.

6 한홍구『사법부』, 돌베개 2016, 393면.

7 권석천, 앞의 책 263~77면.

8 형사소송법 제420조 제7호, 제422조.

9 대법원 2011.1.20. 선고 2008재도11 전원합의체 판결.

10 김미리「불법행위로 인한 위자료 채무의 지연손해금 발생시기」,『대법원판례
　　해설』87호, 법원도서관 2011.

11 대법원 1997.10.28. 선고 97다26043 판결.

12 대법원 2011.1.13. 선고 2010다28833 판결.

13 대법원 2011.1.13. 선고 2009다103950 판결.

14 대법원 2011.1.13. 선고 2010다53419 판결.

15「국정원이 지운 월 205만 원 이자, 인혁당 피해자의 '빚고문'」, 한겨레 2017. 9.
　　2.

16 대법원 2011.7.21. 선고 2011재다199 전원합의체 판결.

17 같은 판결.

18 이진수「위자료의 지연손해금 기산점과 과잉배상」,『판례연구』제23집, 부산판
　　례연구회 2012.

7장

1 대법원 2013.5.16. 선고 2012다202819 전원합의체 판결.

2 김상훈「과거사 국가배상사건에서 국가의 소멸시효 항변 제한 법리」,『민사법연
　　구』제22집, 대한민사법학회 2014, 35면.

3 민법 제182조.

4 민법 제179조.

5 대법원 2013.6.27. 선고 2013다23211 판결.

6 「만화방 운영하던 목사가 10살 소녀 살해범?」, 프레시안 2016.10.6.

7 윤진수 「과거사 정리와 소멸시효」, 『민사재판의 제문제』 제23권, 사법발전재단 2015, 831~36면.

8 김상훈, 앞의 글 56~59면.

9 헌법재판소 2018.8.30. 선고 2014헌바148·162·219·466, 2015헌바50·440(병합); 2014헌바223·290, 2016헌바419(병합) 결정.

10 리처드 포스너 『법관은 어떻게 사고하는가』, 백계문·박종현 옮김, 한울아카데미 2016, 370~71면.

11 같은 책 347면.

12 같은 책 362면.

13 같은 책 545면.

14 같은 책 193면.

15 같은 책 197면.

16 같은 책 199면.

8장

1 박은정 『왜 법의 지배인가』, 돌베개 2010, 221면.

2 같은 책 242면.

3 리처드 포스너 『법관은 어떻게 사고하는가』, 백계문·박종현 옮김, 한울아카데미 2016, 394면.

4 David P. Currie. *The Constitution in the Supreme Court: The First Hundred Years, 1789~1888*. Chicago: University of Chicago Press 1985, 348~49면 and n. 143. 리처드 포스너, 앞의 책 406면에서 재인용.

5 같은 책 405면.

6 같은 책 407면.

7 제프리 투빈 『더 나인』, 강건우 옮김, 라이프맵 2010, 263면.

8 같은 책 269~72면.

9 같은 책 294면.

10 리처드 포스너, 앞의 책 52면.

11 강승식『미국 헌법학 강의』, 궁리 2007, 363~66면.

12 제프리 투빈, 앞의 책 327면.

13 강승식, 앞의 책 110면.

14 리처드 포스너, 앞의 책 419면.

15 같은 책 408면.

16 같은 책 419면.

17 제프리 투빈, 앞의 책 325~26면.

18 리처드 포스너, 앞의 책 407면.

19 박은정, 앞의 책 226면.

20 대법원 2011.3.17. 선고 2006도8839 전원합의체 판결.

21 대법원 2011.5.13. 선고 2009도14442 판결.

22 헌법재판소 2011.8.30. 선고 2009헌바42 결정.

23 리처드 포스너, 앞의 책 452면.

24 같은 책 468면.

9장

1 리처드 포스너『법관은 어떻게 사고하는가』, 백계문·박종현 옮김, 한울아카데미 2016, 394면.

2 같은 책 438~40면.

3 같은 책 416면.

4 같은 책 467면.

5 같은 책 463~68면.

6 서울남부지법 2008.7.31. 선고 2008가합10694 판결.

7 대법원 2011.9.2. 선고 2009다52649 전원합의체 판결.

8 서울중앙지법 2010.12.2. 선고 2010노380 판결.

9 대법원 2011.9.2. 선고 2010도17237 판결.

10 리처드 포스너, 앞의 책 199면.

에필로그

1 리처드 포스너 『법관은 어떻게 사고하는가』, 백계문·박종현 옮김, 한울아카데미 2016, 37~89면.

2 같은 책 14면.

3 알랭 쉬피오 『법률적 인간의 출현』, 박제성·배영란 옮김, 글항아리 2015, 27~37면.

4 R. Salais, "Le politique des indicateurs. Du taux de chômage au taux d'emploi dans la stratégie européenne pour l'emploi". B. Zimmermann, P. Wagner (dir.). *Action publique et sciences sociales*, MSH 2004. 알랭 쉬피오, 앞의 책 139면에서 재인용.

5 알랭 쉬피오 『숫자에 의한 협치』, 박제성 옮김, 한울 2019에서 이런 생각을 더 명료하게 전개하고 있다.

6 같은 책 195면.

7 같은 책 193면.

8 알랭 쉬피오 『법률적 인간의 출현』, 285~87면.

9 알랭 쉬피오 『숫자에 의한 협치』, 22면.

10 같은 책 25면.

11 리처드 포스너, 앞의 책 501면.

판결과 정의
대법원의 논쟁으로 한국사회를 보다

초판 1쇄 발행 / 2019년 9월 20일
초판 6쇄 발행 / 2021년 9월 21일

지은이 / 김영란
펴낸이 / 강일우
책임편집 / 이하늘
조판 / 신혜원
펴낸곳 / (주)창비
등록 / 1986년 8월 5일 제85호
주소 / 10881 경기도 파주시 회동길 184
전화 / 031-955-3333
팩시밀리 / 영업 031-955-3399 편집 031-955-3400
홈페이지 / www.changbi.com
전자우편 / nonfic@changbi.com